"十三五"国家重点图书项目

国家出版基金项目
NATIONAL PUBLICATION FOUNDATION

赵振江◎著

中国西班牙文化交流史

中外文化交流史

何芳川◎主编

国际文化出版公司
·北京·

图书在版编目（CIP）数据

中外文化交流史. 中国西班牙文化交流史 / 何芳川
主编；赵振江著. -- 北京：国际文化出版公司，
2020.12

ISBN 978-7-5125-1233-7

Ⅰ.①中… Ⅱ.①何… ②赵… Ⅲ.①中外关系—文
化交流—文化史—西班牙 Ⅳ.① K203 ② K551.03

中国版本图书馆 CIP 数据核字 (2020) 第 270264 号

中外文化交流史·中国西班牙文化交流史

主　　编	何芳川
作　　者	赵振江
统筹监制	吴昌荣
责任编辑	王逸明
出版发行	国际文化出版公司
经　　销	全国新华书店
印　　刷	文畅阁印刷有限公司
开　　本	710 毫米 × 1000 毫米　　　16 开
	6.5 印张　　　100 千字
版　　次	2020 年 12 月第 1 版
	2020 年 12 月第 1 次印刷
书　　号	ISBN 978-7-5125-1233-7
定　　价	38.00 元

国际文化出版公司
北京朝阳区东土城路乙 9 号　　　　邮编：100013
总编室：（010）64271551　　　传真：（010）64271578
销售热线：（010）64271187
传真：（010）64271187—800
E-mail：icpc@95777.sina.net

目录
Contents

前言

　　笔者一直从事西班牙语文学的教学、翻译与研究工作，对于写《中国西班牙文化交流史》，实在勉为其难。当年北京大学副校长、已故教授何芳川主编《中外文化交流史》（国际文化出版公司，2008 年）时，我只写了一章，题为《中国与西班牙——文学的交流与互动》，现在在此基础上，又做了一些补充，但主要还是局限在文学交流的范畴里，期待在不远的将来，有人写出全面的中国与西班牙文化交流史。

　　西班牙位于欧洲西南的伊比利亚半岛，是一个多民族、多文化相互交融的国家。伊比利亚半岛最早受菲尼基人和迦太基人的侵扰。公元前 8 世纪，凯尔特人从中欧经比利牛斯山迁移至此。公元前 2 世纪，罗马人又将其霸权扩展到这里。公元 4 世纪，日耳曼部族入侵，西哥特人在半岛的大部分地区建立起自己的王国。8 世纪初，穆斯林从北非入侵，占领了南部广大地区，从此开始了天主教徒与伊斯兰教徒之间长达 800 年的"光复战争"。1469

年，卡斯蒂利亚女王伊莎贝尔一世和阿拉贡国王费尔南多二世联姻，十年后两国合并，史称"天主教双王"。于是，他们的王国强大起来，逐渐吞并了其他的王国，并于 1492 年攻克了穆斯林的最后堡垒——格拉纳达，使西班牙成了统一的国家。

就在攻克格拉纳达的同时，伊莎贝尔女王在市郊的圣达非接见了意大利籍的航海家哥伦布，支持他的远航计划。1492 年 8 月 3 日，哥伦布受西班牙国王派遣，带着给印度君主和中国皇帝的国书，率三艘帆船，从西班牙帕洛斯港扬帆起航。经七十昼夜的艰苦航行，于同年 10 月 12 日凌晨，终于发现了陆地，哥伦布误以为自己到达了印度。其实，他登上的这块土地，属于现在中美洲加勒比海中的巴哈马群岛，当时命名为圣萨尔瓦多（Salvador 是"拯救者"的意思）。

哥伦布的地理大发现震惊了全世界。此后，西班牙远征军占领了从墨西哥到阿根廷和智利（巴西除外）的广大地区以及加勒比海诸岛（海地除外），后来又征服了北非的部分地区和亚洲的菲律宾。到了卡洛斯一世（1500—1558）时期，西班牙成了名副其实的"日不落帝国"。卡洛斯一世同时是西班牙国王（1516—1556）、德意志国王（1519—1556）、尼德兰君主（1506—1555）和神圣罗马帝国皇帝（即查理大帝，1520—1556）。这个处于大航海时代和文艺复兴时期的国王，他的"日不落帝国"比维多利亚的大英帝国早了 300 多年。

西班牙当年从拉丁美洲掠夺了大量的财富，但并未用于发展经济和改造社会，而是醉心于穷兵黩武和奢靡享乐。俗话说，"人无远虑，必有近忧"。1588 年，西班牙的"无敌舰队"在英吉利海峡全军覆没。从此，这个不可一世的海上霸主渐渐失去了往日的威严。虽说"百足之虫，死而不僵"，但到了 19 世纪，当年的"日不落帝国"已是日薄西山，积重难返。19 世纪 20 年代，拉丁美洲独立运动风起云涌，各地区纷纷摆脱了宗主国的统治，变成独立的国家。至 1898 年，西班牙几乎失去了全部的海外殖民地。这一年，恰恰是我国历史上戊戌变法遭到镇压的一年。

　　中国与西班牙之间的文化交流始于 16 世纪，正值西班牙强盛时期。在征服了菲律宾之后，政教合一的西班牙统治者对富饶的中华大帝国并非没有染指的奢望。出于政治和宗教的双重目的，西班牙传教士通过菲律宾来到了中国，成了中国与西班牙文化交流的先驱，其中有的人还成了出类拔萃的汉学家，这便是中国与西班牙文化交流的历史背景。但是随着西班牙的江河日下，这些传教士后继乏人，几近销声匿迹。直至 20 世纪，才又有了真正意义上的文化交流，而文化交流的兴旺，则是中国与西班牙建交（1973 年 3 月 9 日）以后的事情了。

　　疏漏和错误在所难免，敬请专家、同行和读者们批评指正。

赵振江

2020 年 11 月

第一章 西班牙传教士——中国与西班牙文化交流的开拓者

西班牙传教士来华的历史背景

基督教最早于唐朝传入我国，时称"景教"。到了元朝，蒙古大军的西征导致了东西方文明的碰撞与交流，基督教再次进入我国。随着世事的变迁，到了 14 世纪下半叶，"马可波罗时代"建立起来的中国与西班牙文化的直接交往几乎完全中断。这种衰落的趋势一直保持了近两个世纪，直到 15 世纪末和 16 世纪初，欧洲与远东之间的海上航线开通，情况才有了根本的改变。在基督教第三次传入我国的过程中，葡萄牙和西班牙传教士应是先驱者。

西班牙于 1492 年攻克了摩尔人的最后一个堡垒（格拉纳达），在完成"光复运动"的基础上形成了统一的国家并向外扩张。同年，在伊莎贝尔女王的支持下，哥伦布开始了自己的海上探险活动并"发现了新大陆"。（其实，哥伦布至死也不知道自己发现了一个新的大陆。他一直以为自己到达了东方的印度，所以称那里的居民为印第安人。）在征服了后来被称作"拉丁美洲"的广大地区之后，它又开始向远东扩张。

天主教双王攻克格拉纳达

哥伦布航行到美洲

哥伦布向女王呈献海图

1565 年，莱古斯比（Miguel Lopez de Legazpi，1510—1572，中国文献中亦称"黎牙实比"）率西班牙军队征服了菲律宾。随同他一起来的还有西班牙奥古斯丁会的传教士，他们在建立和巩固菲律宾殖民地的过程中起到了举足轻重的作用。1574 年，在菲律宾成立了"奥古斯丁会中国传教省"。①

在征服菲律宾之后，西班牙曾经试图用武力征服中国。相关内容的书信、报告，甚至是作战计划，频频送往墨西哥总督府和西班牙宫廷。但除了极少数人以外，包括菲利普二世（Felipe Ⅱ）在内的大部分人均对此持审慎态度，希望先探明中国情况，然后

约 1570 年的菲利普二世的肖像，现存于格拉斯哥博物馆

---

① 裴化行：《天主教十六世纪在华传教志》，萧濬华译，商务印书馆，1936年版第 142 页。

再采取相应的军事行动。这就是西班牙传教士们千方百计进入中国的根本原因之一。但同样需要指出的是，这些传教士在客观上起到了促进中国与西班牙文化交流的作用。

据粗略统计，1600 年以前，入华耶稣会士（包括准备进入中国传教而未能如愿的耶稣会士）共有 77 人，其中葡萄牙籍 40 人，西班牙籍 19 人，意大利籍 11 人，中国籍 6 人，比利时籍 1 人。[①]

在组织上，耶稣会实行军事化的严格的等级制度，世界各地的耶稣会均由总会长在教皇之下统一领导，为了保持其宗教目的的纯洁性，耶稣会尽量避免与欧洲各国政治纠缠在一起。相反，方济各、多明我和奥斯丁等托钵修会与各国政府关系则十分紧密。

中世纪后期，欧洲各国君主纷纷通过一系列外交手段，甚至不惜动用武力，逐渐将本国教会纳于王权的统治之下，葡萄牙和西班牙就是绝好的例子，它们与罗马教廷之间相互支持彼此的利益，两国的国王负责向各自的海外殖民地派遣传教士，建设传教区，征收十一税；同时，在本国教会机构人事权上拥有极大的权力，国王可以将自己中意的人选安插在教会中，而教廷一般也不会对人选提出异议，因此各托钵修会均隶属于本国政府，在传教活动中，与本国的政治利益保持一致。

1575 年，由于菲律宾的西班牙殖民军队帮助明王朝围剿海盗林凤，第一个西班牙官方使团得以进入中国福建。这个使团由奥古斯丁

①　根据荣振华的"入华耶稣会士国籍统计表"统计，见《在华耶稣会士列传及书目补编》，中华书局，1995 年版第 956 ～ 997 页。

会士马丁·德·拉达（Martín de Rada）、杰罗尼姆·马林（Jerónimo Marín）和另外两名西班牙士兵组成，他们希望大明王朝允许西班牙传教士进入中国内地传教，并得到一块像澳门那样的商埠，以便同中国开展贸易活动。此次出使最终因为林凤的突围逃跑而以失败告终，但西班牙人却实现了他们想近距离了解中国的目的。

马丁·德·拉达

1578 年，在菲律宾殖民者的请求下，佩德罗·德·阿尔法罗（Pedro de Alfaro）带领 15 名西班牙方济各会士来到菲律宾，在马尼拉建立第一所方济各会修道院。第二年，阿尔法罗就迫不及待地带领另外两名传教士，在 3 名士兵的陪同下，骗过菲律宾总督桑德，潜入中国，在广东居留 5 个月之后，阿尔法罗等人被驱逐出境。1582 年和 1589 年，菲律宾的方济各会士还曾两次试图进入中国传教，但均无功而返。

1576 年，在菲律宾总督桑德（Francisco de Sande）的一份相关报告上，西班牙宫廷批示道，"现在讨论关于征服中国一事，不合时宜。相反，他（指桑德）必须努力与中国人保持友好的关系，而绝不能与仇视中国人的海盗有任何牵连，或给中国以任何敌视我们的借口。"[①]1580 年，菲利普二世亲自派胡安·冈萨雷斯·德·门多萨（Juan González de Mendoza）、杰罗尼姆·马林和弗朗西斯科·德·奥尔特加（Francisco e Ortega）作为特使，携带国书和礼品出使中国，但这个使团因在墨西哥受阻，最终未能完成使命。

1581 年，葡萄牙并入西班牙版图，在马尼拉的西班牙殖民者、商人和传教士一度曾经想介入澳门事务，但澳门当地葡萄牙人组织的地方自治机构议事会，有效地抵制了西班牙势力向澳门的渗透。西葡两国在远东的矛盾并没有因为两国的合并而化解，为了拉拢葡萄牙国内的反西势力，西班牙国王菲利普二世反而不得不在远东事务上一再让步。16 世纪末，由于葡萄牙的掣肘与阻挠，西班牙曾几次试图与中国交往，都在萌芽状态就被扼杀了。

1586 年，驻菲律宾的西班牙殖民者在马尼拉召集了政治、军事、宗教等各界人士，商讨菲律宾殖民地的问题，与会者也就武力征服中国的可行性进行了讨论，并草拟了一份内容详尽的征

---

① E. H. Blair & J. A. Robertson, *The Philippine Islands*, *1493—1898*, Cleveland, 1903 ~ 1909, vol. 4, 94pp.

服中国的计划，由西班牙籍耶稣会会士阿隆索·桑切斯（Alonso Sánchez）送往西班牙宫廷。[①]1588 年，在菲利普二世的授意下，马德里特别委员会，在马尼拉市民会议备忘录的基础上，制定了武力征服中国的计划，[②]但此时的西班牙帝国已是江河日下，征服中国一事成了名副其实的"纸上谈兵"。17 世纪，在菲律宾和西班牙，仍不时掀起武力征服中国的声浪，只是昔日的"日不落帝国"已是内忧外困，再也无暇东顾了。

1587 年，15 名西班牙多明我会修士从墨西哥来到菲律宾，建立了多明我会菲律宾圣玫瑰省。在菲律宾的多明我会士主要的工作是在旅菲华人中间传教，并借此机会向他们学习汉语。

在远东的西班牙籍托钵修士，在传教过程中，也受到葡萄牙人和耶稣会士的排挤。1585 年，教皇格里高利十三世（Gregorio XⅢ）在范礼安（Alessandro Valignano）的请求下曾颁布通谕，禁止耶稣会之外的其他修会到中国和日本传教，但这道通谕不久便被废止。1586 年，3 名西班牙籍奥古斯丁会士来到澳门，建立起一座修道院，但在葡萄牙人的压力下，1589 年，菲利普二世要求他们离开，由葡萄牙籍奥古斯丁会士代替他们继续主持修道院。1587 年，多明我会士安东尼奥来到澳门，建立了玫瑰圣母会院，同样也在葡萄牙人和耶稣会的压力下，不得不将其转交给葡萄牙籍多明我会士。更有甚者，葡萄牙人居然能阻止被驱逐的西班牙多明我会士

---

① 严重平：《老殖民地史话》，第 320 ～ 325 页，北京出版社，1984 年版。E. H. Blair & J. A. Robertson, vol. 6, p. 157 ～ 234。
② 沈定平：《明清之际中西文化交流史》，第 78 ～ 82 页，北京：商务印书馆，2001 年版。

前往菲律宾，他们只能搭乘葡萄牙商船返回欧洲。1587 年，在菲利普二世和教皇格里高利十三世的支持下，方济各会士马丁·伊纳爵·德·罗耀拉（Martín Ignacio de Loyola）率领一个传教团来到澳门，准备从这里进入中国传教。尽管他是耶稣会会祖伊纳爵·罗耀拉的侄子，而且是受皇帝和教皇的派遣，但同样遭到了葡萄牙人和耶稣会士的阻拦，未能成行。即使同为耶稣会士，西班牙人有时也会受到葡萄牙人和其他耶稣会士的猜忌和排挤。1583 年，利玛窦（Matteo Ricci，1552—1610）在肇庆安顿下来后，在菲律宾传教的耶稣会士桑切斯想通过他的帮助，获得中国官方同意，前往北京觐见皇帝，以请求在全国范围内传教，但澳门的葡萄牙人以"保教权"为由，禁止利玛窦与其合作。1589 年，菲利普二世迫于压力，还不得不禁止菲律宾的西班牙籍传教士进入中国传教。

1631 年，菲律宾总督胡安·德·阿尔卡拉索（Juan de Alcarazo）指派在台湾传教的多明我会修士安赫洛·高琦（Angelo Cocchi）出使福建，与中国当地官员商谈菲律宾与中国的通商问题。在路上，高琦搭乘的船只遭到了海盗的洗劫，他本人虽幸免于难，但丢失了官方委任状，因此，中国当地官员不承认其使节身份，并命令他立即返回菲律宾。然而高琦却设法留在了中国，开始在福安地区传教，并取得了一些成果。1633 年，在菲律宾的天主教会看到高琦已在中国内地站稳脚跟，便决定再派遣几名传教士到福建去，以增加高琦的力量。在这样的背景下，多明我会修士黎玉范（Juan Bautista Morales）和方济各会修士利安当（Antonio de Santa María

Caballero）来到中国协助高琦，这样，多明我会和方济各会才在中国开始建立自己的传教区。

1680年，在方济各菲律宾省会长的推荐下，奥古斯丁会修士白望乐（Alvaro de Venavente）和胡安·德·里维拉（Juan de Rivera）来到广州，开始了奥古斯丁会在中国内地的传教活动。

虽然同在华的耶稣会相比，天主教各托钵修会在中国的势力十分微弱，但是，它们在中国与西班牙文化交流史上却起了重要作用。

从上述情况不难看出，在整个16世纪，准备进入中国的天主教传教士遇到了前所未有的抵制，明王朝始终对他们紧锁国门，仅仅在澳门一处可以滞留。在这种情况下，如何进入中国，顺利开展传教工作，是摆在这些来华的天主教传教士面前急需解决的问题。当时占主流的一种观点是，希望首先借助武力打开中国的大门，然后再在西方军事力量的保护下在中国传教，这种观点不仅在天主教各托钵修会中很有市场，耶稣会中的响应者也大有人在。与这种方法相反，意大利籍的天主教耶稣会传教士利玛窦却实行了一套和平的"适应性"传教策略。他学习汉语，研习中国文化典籍，脱掉教士服，改穿中国士大夫的"儒服"，结交中国名士，传播西方先进的科学技术，首先消除中国人对欧洲人的排斥心理，同时积极寻找中国文化与西方基督教文化之间的契合点，使基督教伦理道德观和教义适合中国传统的主流文化，尽量缩小二者之间的差异。在这一点上，最主要的工作有三个方面：首先，他淡化基督教的宗教特点，而力主宣传其中的伦理道德观念，并

利玛窦和徐光启

将其与中国传统的儒教伦理道德观相融合，实现"合儒""补儒"的目的；其次，他用中国典籍中的一些概念诠释基督教中的概念，如用"天"和"上帝"来翻译《圣经》中的天主；最后，对中国文化中一些半宗教半习俗性的礼仪采取容忍的态度，主要表现在允许中国的天主教徒继续从事尊孔祭祖活动。在利玛窦的不断努力下，到 17 世纪初的时候，天主教传教士终于在中国站稳了脚跟。应当指出的是，在利玛窦制定并实行"适应性"传教策略的过程中，西班牙籍天主教传教士发挥了重要作用。

五位重要的西班牙传教士

1.沙勿略：第一个意识到中国重要性的西方传教士

方济各·沙勿略

方济各·沙勿略（Francisco Javier，1506—1552）出生于西班牙纳瓦拉地区一个富有的贵族家庭。18 岁那年，沙勿略来到法国，就读于圣蒲万公学，因为成绩优异，四年后便开始主持该校亚里士多德哲学讲座，两年后获博士学位。1529 年，后来成为耶稣会会祖的伊纳爵·德·罗耀拉（Ignacio de Loyola，1491—1556）

进入巴黎圣女巴尔伯公学攻读哲学课程，并搬入沙勿略的宿舍，与其一同居住，在共同生活的过程中，两人结为挚友。在罗耀拉的影响下，沙勿略逐渐放弃了继承贵族爵位、戎马一生、享受荣华富贵的打算，甘愿将自己的身心奉献给天主教事业。1534年，在罗耀拉的带领下，沙勿略成了耶稣会早期创始人之一。

　　1542年，受葡萄牙国王若望三世和罗马教皇保罗三世的派遣，沙勿略来到葡萄牙在印度的殖民地果阿，开始了他在东方的传教生涯，并成为耶稣会第一任印度省会长。在果阿，他不辞辛劳，每日走街串巷，向当地的葡萄牙侨民宣讲天主教教义，重塑他们对天主教的信心，在短短的半年时间里，当地葡萄牙侨民的宗教素质就有了很大提高。之后，他又来到印度西南部的马拉巴尔海岸，在当地原住民居民中传教，同样也取得了很大的进展。此后，他的足迹遍及锡兰、马六甲和摩鹿加群岛，为当地天主教事业做出了巨大贡献。1549年，沙勿略来到日本九州的鹿儿岛，开始了他在日本的27个月的传教活动。1551年，沙勿略返回果阿筹备出使中国的使团，以实现天主教进入中国的计划，但使团于出使途中在马六甲受阻，以至半途而废。但沙勿略并未灰心，于1552年7月，携带一名翻译和一个伙伴，离开马六甲抵达中国珠江口外的上川岛。在岛上，他搭建了简易的教堂，向岛上的葡萄牙商人布道，同时设法潜入中国，但他的计划始终未能实现，同年年底在上川岛病逝，时年46岁。

　　虽然沙勿略没能够实现他进入中国传教的愿望，但他却在天主教中国传教史上占有重要的位置，对后世来华传教的天主教传教士产生了深远的影响。沙勿略是第一个意识到中国的重要性的西方传教士，也是第一个设法努力进入这个封闭的大帝国的西方传教士。在他的精神的感召下，一批又一批的耶稣会士来到远东，想要叩开中国的大门，在沙勿略逝世三十年后，中国的大门终于向耶稣会士敞开了，但更重要的是，沙勿略在天主教传教策略上的改进对后世来华的耶稣会士们产生的启示和影响。1547 年，在摩鹿加群岛传教的沙勿略曾经写信向一位葡萄牙朋友询问有关中国的情况，不久这位朋友就写信回答了沙勿略关心的诸多问题。在此之前，到远东来的商人和殖民地官员更多的是关心诸如中国的物产、商业以及政府管理等物质层面的东西。沙勿略的问题显示出他对中国的教育、文字、知识分子和官员的社会地位等深层问题的关心，并希望由此入手制定出一套适合中国实际情况的传教方略。在日本传教的过程中，他也表现出与东方高层知识分子交往的愿望，并认为与这些拥有崇高社会地位的知识分子交往，是在日本和中国传教的最有效的途径。

2.高母羡与《明心宝鉴》

高母羡的西班牙文全名叫胡安·科沃（Juan Cobo，约 1546—1592），生于托莱多地区的孔苏埃格拉（Consuegra），成年后入多明我会，1587 年赴墨西哥传教，1588 年抵菲律宾。他对中国与西班牙文化交流的贡献有三：一是翻译了《明心宝鉴》；[①] 二是与另一位传教士——米格尔·贝纳维德斯（1550—1605）合作，用中文撰

---

① *Beng Sim Po Cam o Espejo rico del claro corazón.*

写了《基督教教义》;^① 三是用中文撰写了《辩证教真传实录》^②（1593）。

西班牙文版的《明心宝鉴》于1593年在马尼拉出版，1595年由贝纳维德斯带回西班牙并呈献给国王菲利普二世。人们一般认为，最早被翻译成欧洲文字的中文书籍是《论语》，它于1662年被译成了拉丁文，但却很少有人知道，此前70年，西班牙传教士胡安·科沃就把《明心宝鉴》翻译成了西班牙语。这是第一部被翻译成西方文字的中文书籍，它在欧洲的传播为后来的"适应性"传教策略提供了理论根据，对西方人了解中国发挥了重要作用。

西班牙文《明心宝鉴》封面

从严格的意义上讲，《明心宝鉴》算不上什么文学经典。它是明朝洪武二十六年（1393）由范立本辑录而成的一本劝善书和童蒙书。它网罗百家，将儒、释、道三教学说杂糅在一起。全书分为"继善""天理""顺命""孝行""正己""安分""存心""戒性""博学""训子""省心""立教""治正""治家""安义""遵礼""言语""交友""妇行"

---

① *Doctrina Cristiana en Letra y Lengua china.*

② *Apología de la verdadera religión.*

等 20 篇（其中"存心"有前后两篇）共 726 条。从篇目就不难看出，这是一本宣扬儒家思想和封建礼教的读物，内容多是四书五经中的语录以及民间流传的关于"齐家治国""修身养性"的格言。今天，这本小册子已鲜为人知，当年却曾在中国的周边地区（如日本、朝鲜、越南等地）广为流传。

高母羡的译本，是一个手抄的双语本。正面是西班牙语，背面是汉语。书中提到了辑录者范立本（Lipo-Pun Huan）。扉页上印着一位老者的形象，他一手拿着一本书，另一只手拿着一根树枝。此手抄本现收藏于马德里西班牙国立图书馆。2005 年马德里大学再版了该书的校订本。[①] 校印本封面是一幅风景画，内页左面是西班牙文，约占四分之三，右面是汉语（含校勘文字）。在高母羡之后，另一位多明我会的西班牙籍传教士纳瓦雷特（Fernández Navarrete，1618—1689）又于 1676 年前后翻译了《明心宝鉴》并加了评注，作为其《中国历史、政治、伦理与宗教概论》[②] 的组成部分。

值得一提的还有，高母羡用中文写的《无极天主正教真传实录》，在论述天主本性的同时，用相当的篇幅介绍了西方的科学，是第一部将西方科学译介到中国的图书。

3.马丁·德·拉达——西方第一位汉学家

马丁·德·拉达（Martín de Rada，1553—1578）出生于西班牙潘普罗纳的一个名门世家。青年时代，曾在巴黎学习达六年之久。

---

① 西班牙文为 *Espejo rico del claro corazón*，Letrúmero，Madrid，2005.

② 原文为 *Tratados históricos*，*políticos*，*éticos y religiosos de la monarcha de China.*

1557 年，作为一名奥古斯丁会士，他去了墨西哥。1565 年，他自愿参加莱古斯比的远征军，来到菲律宾。在此期间，他不知疲倦地传教布道并进行科学研究，而且在天文学、数学和语言学方面均有建树。但同时要指出的是，他是一位不折不扣的殖民主义者。他不仅是武力征服菲律宾的参与者，也是对武力征服中国决策最坚定的支持者。为此，他于 1575 年带领一支西班牙使团前往中国。拉达的出使活动没有取得预期的目标，但却得到了难得的了解中国的机会。使团在中国待了两个多月，在此期间，拉达等人与福建当地的官员频繁接触，并有机会游览泉州和福州这样的城市。1578 年，他参加了菲律宾总督桑德远征孛尼的军事行动，病死在远征途中。

在出使中国之后，拉达撰写了大量的书信和报告，分别送回墨西哥和西班牙，作为政府制定对华政策的参考。这些文本大多已散佚，但对其内容，门多萨（《中华大帝国史》的作者）和罗曼（《世界各国志》的作者）曾多有引述。我们现在所见的《菲律宾群岛奥古斯丁会神甫马丁·德·拉达与其同伴杰罗尼姆·马林以及随行士兵在中国体察到的事物》①（简译为《中国纪行》）是后来重新搜集整理并编辑出版的。全书包括《出使福建记》和《中国即大明王国诸事写真》两部分。前者叙述了 1575 年西班牙使团的出使福建的经过；后者则介绍了明王朝在各方面的情况。拉达

---

① 原文为 *Las Cosas que los Padres Fr. Martín de Rada*，*Provincial de la Orden de S.Agustín en las Islas Filibinas*，*y su compañero Fr. Jerónimo Marín y otros Soldados que Fueron con ellos Vieron y Entendieron en quel Reyno* 引自张铠：《中国与西班牙关系史》，大象出版社，2003 年。

借此次出访的机会，从中国带回了大批的图书，它们涉及中国文化的各个方面。拉达曾经借助在菲律宾的华人的帮助，将这些图书中的一些内容翻译成西班牙文。除《中国纪行》外，拉达还著有《中国的语言与艺术》。正因为如此，我们才认为他是西方的第一位汉学家。

4.门多萨和《中华大帝国史》

门多萨（Juan González de Mendoza，1545—1618）出生于卡斯蒂利亚的托莱多。17 岁那年，门多萨从西班牙来到墨西哥，并于 1564 年在墨西哥城加入了奥古斯丁会。此后的九年中，门多萨在墨西哥城的奥古斯丁会修道院学习神学、语言学和文学，同时，也参加奥古斯丁会在当地的传教活动。

1573 年，门多萨返回西班牙。1580 年，菲利普二世派遣门多萨、杰罗尼姆·马林和弗朗西斯科·德·奥尔特加作为特使，携带国书和礼品出使中国。门多萨一行在墨西哥受到了总督桑德等人的阻挠，致使此次出访未能成行。

1583 年，门多萨来到罗马，成为红衣主教的学生。在罗马期间，应教皇格里高利十三世的要求，他完成了《中华大帝国史》的写作。此书于 1585 年在罗马出版。

1585 年版的西班牙文《中华大帝国史》的内文中的一页

1586 年，门多萨前往美洲从事传教工作。1589 年，他再一次返回西班牙，三年后前往意大利，并于 1593 年被任命为西西里利巴里的主教。1607 年，门多萨被任命为墨西哥恰帕斯的主教，一年后改任哥伦比亚波巴扬的主教。1618 年，门多萨在波巴扬病逝。

虽然门多萨没有到过中国，甚至连远东地区也没到过，但他在中国与西班牙文化关系史上却占有重要的位置，这主要是因为他撰写并出版了《中华大帝国史》。该书全名为《大中华王国最杰出事物及其礼仪、习俗史》，[①] 是关于中国的一部百科全书式的专著。据研究，门多萨写作《中华大帝国史》，主要依据的是加斯帕尔·达·克路士（Gaspar da Cruz）的《中国志》[②] 和马丁·德·拉达的《中国大明事物真录》（*La Relación Verdadera de las Cosas del Reino de Taibia por Otro Nombre China*），但同时他也直接或间接地使用其他葡萄牙人和西班牙人的著作。这样，虽然门多萨并没有到过中国，但他著作的内容却远比其他同时期的作品更加丰富。《中华大帝国史》一出版就受到了广泛的关注，在 16 世纪的最后 15 年中，成为欧洲同类书籍中最畅销的一本。根据不完全统计，16 和 17 世纪，《中华大帝国史》被翻译成 7 种欧洲文字（包括弗莱芒语），在欧洲有 43 种版本，其中大部分版本是在 1600 年之前出现的（共有 35 个版本）。17 世纪初期，《中华

---

① 原文为 *Historia de las cosas más notables*，*ritos y costumbres del gran Reino de la China*。

② 原文为 *Tratado das Coisas da China*。

大帝国史》在欧洲仍然有一定的影响力。1621 年出版的弗朗西斯克·德·埃莱拉·马尔多纳多（Francisco de Herrera Maldonado）的《中华王国历史概要》①和 1624 年出版的米歇尔·鲍狄埃（Michel Baudier）的《中国王廷史》②都曾以它为重要参考资料。

在 20 世纪，随着科学技术的发展和全球"一体化"进程的加快，门多萨的《中华大帝国史》又重新引起人们的关注。西班牙于 1944 年和 1986 年先后再版了门多萨的著作。在《中华大帝国史》问世 400 年之后，中华书局又于 1998 年出版了此书。

5.出类拔萃的汉学家庞迪我

17 世纪以后，欧洲对中国的了解日渐深广，来华的传教士越来越多。与此形成鲜明对照的是，西班牙传教士却逐渐淡出了历史舞台。然而就在 16 世纪末、17 世纪初的时候，有一位西班牙传教士在中国与西班牙的文化交流中发挥了重要作用。此人的中文名字叫庞迪我。他是著名的意大利传教士利玛窦的得力助手，是一位名副其实、出类拔萃的汉学家。

庞迪我原名迭戈·德·潘多哈（Diego de Pantoja，1571—1618），出生于西班牙马德里附近的巴尔德莫罗。18 岁那年，庞迪我来到托莱多，进入当地的托莱多修道院，成为一名耶稣会士。1597 年，庞迪我与意大利籍耶稣会士龙华民（Nicolas Longobardi）经印度来到澳门。1599 年，庞迪我与郭居静（Lazare Cattaneo）一同潜入中国内地，并于第二年初与利玛窦在南京会合。

---

① 原文为 *Epítome Historial del Reyno de la China*。
② 原文为 *Histoire de la Cour du Roy de la Chine*。

此时，利玛窦正准备赴京觐见中国皇帝，庞迪我遂加入了利玛窦北上的队伍。利玛窦北上京城是耶稣会在华传教的一个转折点。当时由于他的努力，耶稣会在南中国已经有了不小的影响，在肇庆、南昌和南京都设有会院。到北京后，利玛窦的传教活动，得到了万历皇帝的默许。在整个过程中，庞迪我始终是利玛窦的得力助手。1610年，利玛窦积劳成疾在北京逝世，庞迪我代理传教团会长一职，在中国士大夫的帮助之下，他成功地为利玛窦在北京申请到一块墓地，并为其举行了葬礼。从某种意义上讲，此事说明耶稣会传教士在中国的社会地位得到了承认，也为此后耶稣会在中国的传教活动铺平了道路。

古往今来，在西班牙的汉学家中，庞迪我堪称出来拔萃。他的汉语著述主要有《七克》《庞子遗诠》《天神魔鬼论》《人类原始论》《受难始末》《天主实义续篇》以及《辩揭》等。其中最负盛名的是《七克》（又名《七克大全》），于1614年在北京出版。当时的名士杨廷筠、曹于汴、郑以伟等曾为其作序，并曾得到著名学者徐光启的润色。《七克》出版后受到好评，相继于1629年、1643年、1798年、1833年、1849年、1873年和1910年再版。《七克》是一部宣扬基督教道德修养的伦理学著作，其宗旨是要人们克服七种滋生罪恶的意念：傲、妒、贪、忿、饕、淫和怠。庞迪我提出要以谦伏傲、以仁平妒、以施解贪、以忍息忿、以淡塞饕、以贞防淫、以勤策怠。当然，在庞迪我看来，欲做到"七克"，要靠上帝之赐，非人类自身的力量可及。庞迪我将中国儒家的道德观与天主教教义有机地结合起来，因而受到当时中国知识分子的欢迎，人们尊称他为"庞子"或"庞公"。可以说，《七克》是利玛窦"适应性"传教策略的全面体现。《人类原始论》是介绍《创世纪》的，即亚当和夏娃的故事；《天主实义续篇》是对利玛窦名著《天主实义》的补充。

第二章

中国文学在西班牙

对儒家经典与老庄哲学的译介

　　众所周知，在我国古代，文、史、哲是融为一体的，很难将它们截然分开。因此，我们在此将诸子百家的典籍视为文学作品。如今，你随便走进一家西班牙书店，见到最多的有关中国的书籍就是《论语》《易经》和《道德经》了，足见西班牙人对我华夏古老文明的仰慕与重视。

　　首先，我们介绍几本有关中国哲学的译著。1968 年，胡安·赫多与海梅·乌亚合作，从不同的西方语言，主要是英文和德文，转译了《东方哲学（孔夫子及其他）》。[①] 本书由两部分组成，第一部分包括《大学》《中庸》和《论语》；第二部分是老子的《道德经》。前言中有关于这二位古圣贤的介绍。虽是转译，却不失为一部严肃认真的译作，因为译者参考了不同语言的版本。

　　1948 年，我国著名哲学史家冯友兰先生的《中国哲学简史》

---

① *Filosofía oriental*（*Confucio y otros*），trad. indirecta de J. Gedo y J. Uyá，Barcelona，Zeus，1968，355 pp.

被译成了英文。[①]1987 年，该书在墨西哥经济文化基金出版社的出版，[②] 对西班牙语国家了解中国哲学发挥了重要作用。

1985 年和 1995 年，在波哥大和马德里先后出版了两部介绍中国古代思想的图书：《东方智慧：道教、佛教与儒教》[③] 和《作为中国美学的智慧：儒教、道教与佛教》。[④] 前一本书的作者是维克多·加西亚。它的第一部分论述中国、印度与日本的历史和文化，题为《智慧的地理分布》；第二部分对印度教、佛教、儒教和道教进行了评介，题为《智

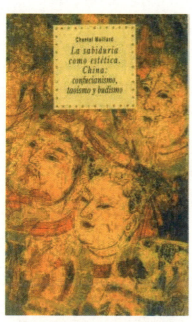

1995 年版的昌达尔·麦亚德所著的西班牙文《作为中国美学的智慧：儒教、道教与佛教》一书的封面

---

① Fun YuLan, *A Short History of Chinese Philosophy*, New York, The Macmillan Publishing, Co. Inc., 1948.

② Fun YuLan, *Breve historia de la filosofía china*, trd. desde el inglés de J. J. Urtilla, México, Fondo de Cultura Económica, 1987, 517 pp.

③ Víctor García, *La sabiduría oriental: taoísmo, budismo, confucianismo*, pról. de Ceferino Santos Escudero, Bogotá, Cincel, 1985, 1986, 1988, 199 pp.

④ Chantal Maillard, *La sabiduría como estética china: confucianismo, taoísmo y budismo*, diseño de Sergio Ramírez, Madrid, Akal, 1995, 75 pp.

慧在思想与宗教上的体现》，书后附有西方与近东、印度、中国和日本相互对照的历史、哲学、宗教大事年表，并列举了 50 本参考书目。该书于 1986 和 1988 年再版。后一本书的作者是西班牙女诗人昌达尔·麦亚德（Chantal Maillard），全书分为传统、儒教、道教、佛教和美学等五章。第一章介绍中国经典的起源、神话、礼仪等；第二章介绍孔子及其弟子的主张，如中庸、仁政等；第三章介绍道家的学说与政治主张，诸如无为而治、顺乎自然等；第四章介绍佛教，尤其是佛教的戒律、因果报应、流派等；最后一章是作者个人的观点，将东方的智慧看作一种美学。作者是在阅读英文、德文与西班牙文材料的基础上撰写此书的。这本书曾于 1968 年、1985 年、1987 年、1993 年和 1995 年出版 5 次，并于 1986 年和 1988 年增印两次。

　　此外，值得一提的还有一本墨子的译文，题为《兼爱之治》。[①] 这是在西班牙所能见到的这位长期以来在诸子百家中被边缘化了的哲学家的唯一译作，于 1987 年出版，译者同时也是《诗经》的译者卡麦罗·埃洛杜伊神父。林语堂曾说，墨子的兼爱说比基督教传教士们传播的"福音"早得多，因为他比耶稣早生了 500 年（在西方）："这令人如此沮丧，就像好容易到了南极，却发现别人早已在那里了。"[②]

　　对儒家经典翻译与介绍的版本很多，难以尽述，即便对其

---

① Mo Ti, *Política de Amor Uuniversal*, estudios preliminar de F. Mateos, trad. desde el chino y notas de Carmelo Elorduy, Madrid, Tecnos, 1987, 193 pp.

② Lin Yutang, *La Sabiduría china*, Buenos Aires, Biblioteca Nueva, 1959, P.217. En Víctor García, op. cit. P.61.

中比较重要的也只能点到为止。据伊多娅·阿尔比亚加（Idoia Arbillaga）[1]的初步统计，西班牙文版的儒家经典有21个版本之多，其中只有三种是从中文直译的：《儒家的政治社会哲学》[2]（1945，布宜诺斯艾利斯）、《孔子·孟子·四书》[3]（1981，马德里）和《论语：思考与教育》[4]（1997，巴塞罗那）。在这三个直译的版本中，第二个更有竞争力，2002年已在巴塞罗那再版。译者在前言中说，在西班牙和其他的西班牙语国家，缺乏名副其实的汉学（只在16—18世纪有过几位出类拔萃的学者），以致无法对"如此复杂与奇异、在时间与空间上又与我们相距遥远的中华文化进行研究，这实在是一个不幸"，因为中国文化是"人类最完美、最新颖、最持久的创造之一"。另一本1997年出版的《论语：思考与教育》[5]是曾在北京大学留学的安娜·艾莱娜·苏亚雷斯从中文直译的。她撰写了20多页的前言，对《论语》的内容进行分析，并注明了自己注释的出处。应当说，自20世纪下半叶以来，尤其是80年代以来，中国与西班牙文化交流有了长足的进步。就目前而

----

① 　伊多娅·阿尔比亚加是《中国文学翻译在西班牙》（*Literatura china traducida en España*）一书（西班牙阿利坎特大学——Universidad de Alicante 出版）的作者，本文中的许多资料是从该书中选译过来的。

② 　Juan Bautista Se-Tsien Kao，*La filosofía social y política del Confucianismo*，trad. desde el chino Alfonso Enrique Jascalevich，pról. Isidoro Ruiz Moreno，Buenos Aires，Poblet，1945，300 pp.

③ 　Confucio.Mencio，*Los cuatro libros*，ed.y trad. desde el chino de Joaquín Pérez Arroyo，Madrid，Alfaguara，1981，401 pp.

④ 　Confucio，*Analectas: reflexiones y enseñanzas*，ed.y trad. desde el chino Pérez Arroy，Barcelona，Círculo de Lectores，1999，259 pp.

⑤ 　*Confucio*（*Maestro Kong*），*Lun Yu. Reflexiones y enseñanzas*，trd. desde el chino，introd. y notas de Anne-Hélène Suárez，Barcelona，Kairós，1997，193 pp.

言，岂止是四书五经等儒家典籍，就连《三字经》^①都有人翻译出版，就像当年的科沃教士翻译出版了《明心宝鉴》一样。

在诸多转译的文本中，比较重要的有：有胡安·贝尔瓜与何塞·贝尔瓜于 1954 年翻译的《中国经典》，^②全书 424 页；同年出版的《中国关于政治、哲学、道德的四书》，^③全书 313 页；卡尔多纳·卡斯特罗于 1980 年翻译出版的译自法文的版本《智慧的四书》，^④全书 653 页；1969 年胡安·贝尔瓜又翻译了《书经、大学、论语、春秋、孟子：古代中国关于哲学、政治、道德的五

1954 年版的西班牙文《中国经典》封面

---

① Wang Yinglin, *Sanzijing. El clásico de tres caracteres: el umbral de la educación china*, trd y notas de Daniel Ibáñez Gómez, Madrid, Trotta, 200, 138 pp.

② Confucio y Mencio, *Los libros canónicos chinos*, trad. de Juan y José Bergua, Madrid, Editorial Ibéricas, 1954, 424 pp.

③ Confucio, *Los cuatro liibros de Filosofía, Moral y Política de China*, trad. de J. Farrán y Mayoral, Barcelona, José Janés, 1954, 313 pp.

④ Confucio, *Los cuatro libros de la sabiduría*, trd. francesa, notas y pref. del P. Seraphin Convreur, trd. indirecta a esp. de Francisco Cardona Castro, Madrid, Editora de los Amigos del Círculo Bibliófilo, 1980, 653 pp.

本伟大的图书》①（与我们所说的《五经》不同），同前面列举的译作一样，有序有注，全书 635 页。这些译著由于是转译，故对翻译标准一般都避而不谈，这是可以理解的。需要指出的是，在这些书中，有时不同的版本是同一个译者，有时同一个版本又在不同的出版社面世，这里就不一一列举了。另外，与其他欧洲国家相比，当代西班牙的汉学基础相对薄弱，因此，不仅是汉语著作多是转译的，就连为数极少有关汉学的专著也是转译的，如 1960 年出版的《孔夫子与中国人道主义》②就是从法文转译过来的。

相对于儒家经典而言，西方人对《易经》的兴趣可谓有过之而无不及。据统计，西班牙文的《易经》至少有 23 个版本，但其中只有一个是从汉语直译的，译者即墨子的译者

1998 年版西班牙文《智慧的四书》封面

① Confucio, Mencio, *El Chu-King. El Ta hio. El Lun-yu. El Tchung-gung. El Meng-Tseu Los cinco libros de política*, *moral y filosofía de la antigua China*, trad., nota preliminar y notas de Juan B. Verruga, Madrid, Clásicos Verruga, 1969, 635 pp.（按汉语拼音，书名应为：El Chu-King=Shi Jing. El Ta hio= Da Xue. El Lun-yu=Lun Yu. El Tchung-gung= Shu Jing. El MengTseu=Meng Zi）
② Pierre Do-Dinh, *Confucio y el humanismo chino*, trd. esp. de Domingo Lagunilla del fr. *Confucius et l'humnisme chinois*, Madri, Aguilar, 1960, 220 pp.

卡麦罗·埃洛杜伊，[①] 其余版本都是从英文、德文、法文或意大利文转译的。在《易经》的诸多译本中，以德国人里查德·魏尔曼（Richard Wilhelman）、英国人里特西玛（Ritsema）和卡尔切（Karcher）的版本影响最大，后者自称其依据的是 1715 年康熙钦定的版本。他们的版本分别由博赫尔曼[②]与埃迪特·兹里[③]翻译成了西班牙文，前者 355 页，后者 812 页。无论把《易经》作为科学还是作为玄学，西方人对这类神秘的、形而上的抽象思维都有着浓厚的兴趣，这就是《易经》在那里广泛传播的原因。从他们给《易经》题写的书名就可以看出他们对这部书重视的程度：《易经：如何探知变化之天意》[④]《易经：中国神谕、变化之书》[⑤]《如何用易经预卜未来》[⑥]《易经：对命中之变的预言与奉告》[⑦]《易经：成功秘诀之首选》[⑧]《易经：中国的

① *El Libro de los Cambios*，trd. desde el chino，intrd. y notas de Carmelo Elorduy，Madrid，Editora Nacional，1983，313 pp.

② *I Ching. El libro de las mutaciones*，trd. al. de Richard Wilheman e indirecta a esp. D. J. Vogelmann，pról. de C. G. Jung，Barcelona，Edhasa，1991，355 pp.

③ *I Ching. El clásico oráculo chino*，trad. ing. de Rdolf Ritsema y Stephen Karcher，trad. esp. de Edith Zilli，revisión especializada de Leonor Calvera，Buenos Aires，Vergara，1995，812 pp.

④ *I Ching: cómo consultar el coráculo del cambio*，trad. ing. de Alfred Douglas，Barcelona，Bruguera，1980，250 pp.

⑤ *I Ching. El Oráculo chino. El libro de las Mutaciones*，trd.esp. de Miguel Jiménez Sales，Barcelona，Aura，1986，179 pp.

⑥ *Cómo predecir el futuro con el I Ching*，ed. De Swami Dewasayant y Máximo Rocchi，Barcelona，De Vecchi，1988，155 pp.

⑦ *I Ching. Predicciones y consejos para todos los acontecimientos de la vida*，Barcelona，De Vecchi，1994，174 pp.

⑧ *I Ching. La fórmula número uno para el éxito*，trad. indirecta a esp. de Ramón Alonso Pérez，Barcelona，Apóstrofe，1994，286 pp.

1962 年版西班牙文《日常生活中的易经：亲情关系、职业生涯与生意场上的 64 卦之含义》封面

圣经》①《易经：无所不及》②《日常生活中的易经：亲情关系、职业生涯与生意场上的 64 卦之含义》③，诸如此类，不一而足。

在西班牙，对老子的《道德经》的翻译，比《易经》还多，至少有 40 个版本，还有 29 个与"道"相关的著作的译本。在 40 个《道德经》的译文中，有 37 个是原文文本的翻译，其余 3 个是介绍性的著作，只翻译了其中的相关段落。在 29 个与"道"相关的译作中，有 9 个是研究道家哲学理念的作品，其余 20 个是与道家相关的其他哲学家的作品。在《道德经》的 40 个版本中，有 7 个是从汉语直译的，而且只有 5 位译者，因为卡麦罗·埃洛杜伊神父与伊格纳西奥·普雷西亚多各翻译了两个版本。卡麦罗·埃洛杜伊神父（《诗经》《易经》与《墨子》的译者）的译文发表于 1961 年，题为《道家箴

---

① *I Ching: la Biblia china*, trd. fr. De Michel Gall e indirecta a esp. de Juana Bignossi, Barcelona, Gedisa, 1994, 315 pp.
② *I Ching al alcance de todos*, Ponzuelo de Alarcón, Libro Latino, 1997, 175 pp.
③ *I Ching en la vida cotidiana. El significado de los 64 hexagramas en las relaciones afectivas, la vida profesional y los negocios*, Barcelona, RBA, 1998.

言》，^① 到 1996 年再版时就题为《道德经》了。这个版本是西汉
双语对照，前面有曼努埃尔·吉里多撰写的引言，后面有译者对《道
德经》的长篇分析（45 页）和根据威妥玛 - 翟里斯体系注音的词
汇表。篇幅并不长的前言（5 页）分为三部分："第一位生态主义
者""道"和"德"。前言作者认为，老子既不同于儒家（笔者
认为应是法家）的战胜自然也不同于佛教的否定自然，他是顺其
自然，因此，他是人类历史上的第一位生态主义者。在第二部分，
作者认为"道"是万物之本，它揭示了宇宙永恒的法则或理性；
在第三部分，作者认为"无为"即是"德"，这是"无政府主义
的理想境界"，是统治者对被统治者的最低干预。此外，前言的
作者还对老子与阿那克西曼德（公元前 610—前 546 或前 545）、
赫拉克利特（前 545—前 480）、斯宾诺莎（1632—1677）、黑格
尔（1770—1831）等西方哲学家进行了比较。译者的分析文章分
为 10 部分，分别是《老子与孔子》《道》《道的深远影响》《道
之德》《天和地》《*Aion*》^②《万物》《圣人》《老子之》《道家
之德》等。从上面的 10 个小标题中，我们大致可以领略译者对《道
德经》的理解与评价。

　　胡安·伊格纳西奥·普雷西亚多的译本题为《老子：道之书》，^③
于 1978 年出版，后来至少又再版过四次（1978、1996、1999、

---

① Lao-Tse，*La gnosis del Tao Te Ching*，anál. y trd. desde el chino Carmelo
Elorduy，Oña，Imprenta de Teología，1961，225 pp.
② 希腊语"永恒"的意思。
③ Lao Tse，*Lao Zi: el libro del Tao*，trd.，pról. y notas de Juan Ignacio
Preciado，ed. Bilingüe，Madrid，Alfaguara，1978，278 pp.

2000），并曾于 1979 年获西班牙国家翻译奖（即原来的修士路易斯·德·莱昂奖）。

1985 年，马德里一位华人在自己的出版社翻译出版了《道德经》，^① 他就是米格尔·萧（Miguel Hsiao，1934—1995）。他的中文名字是萧祭銮，祖籍山东青岛。他是第一批从台湾去西班牙的中国留学生。1956 年在马德里大学攻读教育学专业，边打工边求学，于 1962 年获教育学硕士学位，1965 年又获文学博士学位。当时由于他没有西班牙国籍，无法在西班牙政府担任公职，只能经商，生前是西班牙华人商界公认的领袖之一。为了促进中西的文化交流，萧先生还开了书店，而且每年都自费参加马德里的书市，直至去世。除了《道德经》之外，他还翻译出版了《孙子兵法》《十二生肖》《中国谚语》等书籍。此外，在西班牙国王胡安·卡洛斯一世、前首相费利佩·冈萨雷斯访华期间，他曾为他们做过汉语翻译。

《论语》的译者，安娜·艾莱娜·苏亚雷斯，也翻译过《道德经》，题为《道与德之书》，^② 出版于 1998 年，全书 130 页。她的版本与众不同，她没有像其他译者那样，音译道、德、经三个汉字，而是按意思进行翻译，也算作独辟蹊径吧。

还有一个直接译自汉语的《道德经》^③ 出版于 1999 年，译者是奥诺里奥·费雷罗，写有较长的前言和注释，对道家的基本思

---

① Lao-Tse，*TaoTe king*，trd. desde el chino de Miguel Shiao，Madrid，Miguel Shiao，1985，94 pp.

② Lao Zi，*El libro del curso y de la virtud*，pról. de François Julián，trd. desde el chino de Anne-Hélène Suárez，Madrid，Siruela，1998，130 pp.

③ Lao Tzu，*Tao Te Ching*，trd. desde el chino，pref. y notas de Onorio Ferrero，Barcelona，Azul，1999，251 pp.

想以及自己的翻译过程进行了阐释，全书251页。

其余西班牙文版《道德经》都是转译的，大多是在20世纪八九十年代出版的，其中介语言主要是英文。最早的转译本出现在1931年，题为《道的福音：圣贤之书——道德经》，[①] 译者是佩德罗·吉拉奥，应是从法文转译的（他从法文译过一本中国诗选）。第二个译本直到1959年才在马德里出版，[②] 是从英文转译的，1975年又在巴塞罗那再版过。其余31个转译的版本，在此难以一一介绍。但有一个版本值得一提，即安东尼奥·梅德拉诺的版本：《老子的道德经：道与永恒》，[③] 该书于1996年再版时，题为《道之光》。[④] 在这个版本中，有梅德拉诺撰写的长达150多页的论文《道与永恒》。文章的小标题分别是：《何谓道》《道之源》《哲学之道与宗教之道》《老子：中国伟大的智者与法师》《道教与儒教》《无政府的个人主义》《道：最高的神秘》《德：永恒的品行》《伟大的三元》《阴与阳》《神圣的宇宙观》《宇宙的寺庙——花园》《作为生活方式的道教》《真正与完美之人》《善与恶的背后》《自然、自发、朴实》《人类的多面性》《无为》《天人合一》《智者的博爱与魔力》《诗歌与快乐的神秘》《道教幽默的含义》和《危

---

① Lao Tse, *El evangelio del Tao: del libro sagrado Tao Te Ching*, trd. Pedro Guirao, Barcelona, Bauzá, 1931, 156 pp.
② Lao-Tse, *Tao Te King（El libro del recto camino）*, trd. de Caridad Díaz-Faes, Madrid, Morata, 1959, 128 pp. 该版本的英文译者是 Ch'u Ta-Kao。
③ Lao-Tse, *Tao–Te-King de Lao-Tse. El Taoísmo y la inmortalidad*, trd. y estudio de Antonio Medrano, Madris, América Ibérica, 1994, 255 pp.
④ Lao Zi, *La luz del Tao*, trd. ing. de Thomas Cleary e indirecta a esp. de Alfonso Colodrón, Madrid, Yataí, 1996, 255 pp.

机时代的信息》。

三个介绍性的译本是《老子与道教》[1]《老子的教诲》[2]和《道之箴言》[3]。尤其要指出的是第一本，出版于1926年，原作者是德国人里查德·魏尔曼，他是《易经》的译者，西班牙文译者是加西亚·莫林斯。全书的内容分为三部分：《老子及其著作》《老子的学说》和《老子的影响》。

至于有关老子与道教的阐释，可谓见仁见智，众说纷纭。从下面的书名即可见一斑：《道教瑜伽：炼丹术与长生》[4]《爱与性之道：中国古老的销魂之路》[5]《健康之道：中国的长寿艺术》[6]《性之道：道家性学的经典》[7]《南华经、道与长寿：心灵与躯体之变》[8]《自我按摩——气：返老还童的道家体系》[9]《炼丹之书与道家医

---

[1] Richard Wilhman, *Laotse y el taoísmo*, trd. desde el al. de A. García Molins, Madrid, Revista de Occidente, 1926, 136 pp.

[2] Iñaki Preciado, *Las enseñanzas de Lao Zi*, Barcelona, Cairos, 1998, 167 pp.

[3] Lao Zi, *Palabras del Tao*, selec. y presentación fr. de Marc de Smedt, trd esp. de René Palacios Mora, Barcelona, Ediciones B, 1999, 50 pp.

[4] Pi Ch'en Chao, *Yoga taoísta: alquimia e inmortalidad*, trd. ing. de Lu Kuan Yu（Charles Luk）e indirecta a esp. de J.Martínez Aragón, Madrid, Altalena, 1982, 224 pp.

[5] Jolan Chang, *El Tao del amor y del sexo: la antigua vía china hacia el éxtasis*, prol. y epíl. de Joseph Needham, trd. desde el ing. de Lorenzo Cortina, Barcelona, Plaza & Janés, 1984, 25 pp.

[6] Chee Soo, *El Tao de la salud:el arte chino del Chang Ming*, trd.esp. de Jordi Fibla, Barcelona, Cairos, 1986, 217 pp.

[7] AA.VV., *El Tao de la sexualidad: los textos clásicos de la sexología taoísta*, introd.. de A. Embid, trd. de Teresa Sans Morales y Alfredo Embid, Madrid, Mandala, 1988, 90 pp.

[8] *Nan Hual – Chin*, *Tao y larga vida: transformación de la mente y el cuerpo*, Madrid, Edad. 1989, 174 pp.

[9] Mantak Chia, *Automasaje-chi: sistema taoísta de rejuvenecimiento*, trd. desde el ing. de Raúl Aguado Saiz, Málaga, Sirio, 1990, 153 pp.

学》①《爱的道家秘诀：男性养精术》②《返本归源：关于道的思考》③《苏菲主义与道家：哲学基本概念比较研究》④《日常生活之道：充分发展人格指南》等。⑤

众所周知，在提到老子的时候，不能不提到中国古代的另一位大哲学家——庄子。在西班牙，涉及庄子的译作至少不下 10 部。诸如《道家的两位大师——老子与庄子》⑥《庄子之路》⑦《道家的神秘主义者》⑧《完美虚无之书》⑨《平衡与和谐之书》⑩《庄子思想》⑪

---

① Bichen Zao, *Tratado de Alquimia y Medicina taoísta*, trd.fr., introd..y notas de Catherine Despeux, trd esp. de Francisco F. Villaba, Madrid, Miraguano, 1990, 142 pp.

② Mantak Chia, *Secretos taoístas del amor: cultivando la energía sexual masculina*, Madrid, Mirach, 1991, 324 pp.

③ Hung Tzu Cheng, *Retorno a los orígenes: reflexiones sobre el Tao*, trd. ing.de Thomas Cleary e indirecta a esp. de Alfonso Colodrón, Madrid, Edad. 1993, 115 pp.

④ Toshikito Izitsu, *Sufismo y Taoísmo: estudio comparativo de conceptos filosóficos clave*, trd. de Anne-Hélène Suárez, Madrid, Siruela, 1997, 2vols.

⑤ Hua-hing Ni, *El Tao de la vida cotidiana: una guía para el pleno desarrollo personal*, Barcelona, Oniro, 1998, 202 pp.

⑥ Carmelo Elorduy（ed.）, *Dos grandes maestros del taoísmo：Lao-Tse, Chiang Tzu*, Madrid, Editora Nacional, 1977, 646 pp.

⑦ Chiang-tzu, *Por el camino de Chiang Tzu*, trad. ing. de Thomas Metron e indirecta a esp. de Antonio Resines, Madrid, Visor, 1978, 165 pp.

⑧ AA.VV. *Los místicos taoístas*, selecc. y trd. ing. de Howard Smith e indirecta a esp.de Jorge A.Sánchez, Barcelona, Teorema, 1983, 155 pp.

⑨ Lie Zi, *El libro de la perfecta vacuidad*, trd. desde el chino, introd..y notas de Iñaki Preciado, Barcelona, Cairos, 1987.

⑩ Li Daoqun, *El libro del equilibrio y de la armonía*, trad. ing.de Thmas Cleary e indirecta a esp. de Javier Martín Lalanda, Susan Fraser y Fernando Gaona, en El Paseante, Número triple sobre el taoísmo y arte chino, 20～22, Madrid, Siruela（1993）pp.20～29.

⑪ Zhuang Zi, *Pensamientos*, trd. desde el chino de Enrique P. Gantón e Imelda Hwang, en El Paseante. Número triple sobre taoísmo y arte chino, 20～22, Madrid, Siruela, 1993, pp.15～19.

《庄子——庄大师》^①《道家的教诲：庄子、列子、老子》^②《庄子的内部篇章》^③等。其中《道家的两位大师——老子与庄子》的出版者就是《诗经》《易经》《道德经》与《墨子》的译者——卡麦罗·埃洛杜伊神父，全书 646 页，发表于 1977 年。所列其余版本有 4 个译自中文，4 个译自英文。其中如《庄子——庄大师》《道家的教诲：庄子、列子、老子》都曾再版过。

对中国诗歌的译介

据伊多亚·阿尔比亚加的统计，中国诗歌在西班牙大约有 34 种译本。其中不分朝代的通选本 14 种、唐诗选本 5 种、个人选集 15 种。此外，还有当代诗歌 1 种。

在 14 种通选本中，有 5 种是从中文直译的：其中马德里国家出版社于 1984 年出版的《中国谣曲集》^④（即《诗经》）的译者是卡麦罗·埃洛杜伊。该译本共收诗作 305 首，题目用汉西双语，全书 507 页，是一个《诗经》的全译本。译者在书名中用了“谣曲”一词，虽不十分贴切，但便于西班牙语的读者理解，并使他们感到亲切。该书曾于 1986 年获西班牙国家翻译奖。

---

① Chiang-tzu, *Zhuang Zi =Maestro Zhuang*, trd. desde el chino, intr.. y notas de Iñaki Preciado Ydoeta, Barcelona, Cairos, 1996, 477 pp.

② *Enseñanzas taoístas. Chiang Tse*, *Lie Tse*, Lao Tse, introd.. trd. y notas de P. H. Delcius, Barcelona, MRA, 1992, 117 pp.

③ Zhuang Zi, *Los capítulos interiores de Zhuang Zi*, trad. desde el chino de Pilar González España y Jean-Claude Pastor.-Ferrer, Madrid, Trotta, 1998, 148 pp.

④ *Romancero chino*, trd. de Carmelo Elorduy, Madrid, Editora Nacional, 1984, 507 pp.

在直接通过汉语介绍中国诗歌的译者中，有一位令人尊敬的女士，曾于1948年、1962年和1973年出版过三本关于中国诗歌的译著。她就是马尔塞拉·德·胡安（Marcela de Juan）。在西班牙语中，Juan是名字，但在这里却是她父姓（黄）的译音。她的中文名字叫黄玛赛（Ma Ce Hwang）。其父黄履和，是清朝进士，1897年赴马德里任大清帝国驻西班牙全权公使，其母是比利时人。她本人于1913年（8岁）随父亲回国，在北京生活了15年，至1928年离开。当她再度访华时，已是47年以后的1975年。她精通多国语言，曾长期在西班牙外交部任职，并应邀到欧洲各地演讲，介绍古老的中国文化。她的前两个译本都是首先在颇具影响力的《西方杂志》上发表的。1948年出版的是《中国诗歌简集》；1962年出版的《中国诗歌续集》比简集的篇幅增加了一倍，尤其是增加了中华人民共和国成立以后的作品；1973年由马德里的阿联萨出版社出版的第三个译本，题为《中国诗歌：公元前22世纪至文化革命》，基本上还是续集

翻译家马尔塞拉·德·胡安（黄玛赛）

的内容，即《诗经》和汉、唐、宋、明、清以及共和国时期的诗歌，但补充了对元朝诗歌的介绍，增加了毛泽东的12首诗词，并附有"文革"期间的5首歌曲。译者在《中国诗歌简集》的序言中不无感慨地说：

> ……现在看来如此简明的诗篇，在原文中竟是如此的复杂，有时不仅令欧洲的汉学家们莫名其妙，即便对中国文人来说，也十分艰难……

对文学翻译的苦衷，这倒是一语中的。在第三个版本的序言中，译者对中西诗歌进行了比较，并进一步阐明了自己的翻译标准：在忠于原文的前提下，尽量顾及一点韵味和节奏。马尔塞拉·德·胡安是一位认真负责的译者，其译作无疑是传播最广、影响最大的西班牙文版的中国诗歌。

1983年在巴塞罗那出版社出版的《中国古代诗选》[①]和1997年在马德里出版的

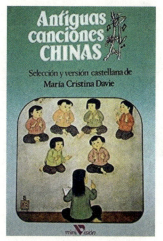

1983年版西班牙文《中国古代诗选》封面

---

① *Antiguas canciones chinas*，selec.y trd. desde el chino de María Cristina Davie，Barcelona，Teorema，1983，187 pp.

《超现实主义与佛教禅宗·融合与区别·中、日、朝禅宗诗歌选评与比较研究》[①]里面的中国诗歌也是从汉语直译的。《中国古代诗选》实际上是《诗经》的一部分，全书183页，译者是玛利亚·克里斯蒂娜·达维耶；《超现实主义与佛教禅宗》全书238页，译者是胡安·W.贝克，书中选译了唐朝几位诗人与禅宗相关的诗歌，其中以寒山的为最多（30首）。这位译者后来又出版了《中国禅宗诗歌选评》的单行本。

在转译的版本中，有如下几本引人瞩目：

《中国诗选》：[②]译者是胡安·鲁易斯·德·拉里奥斯。我们对这个在巴塞罗那发行的版本知之甚少，译者在序言中只是承认自己对中文一无所知，连译

2007 年版的西班牙文《中国诗选》封面

---

① Juan W. Bahk, *Surrealismo y Budismo Zen. Convergencias y diferencias. Estudio de literatura comparada y antología de poesía Zen de China, Corea y Japón.* trad. desde el chino, coreano y japonés de Bahk, Madrid, Verbum, 1997, 238 pp.

② *Antología de la poesía china*, selec., trad. y pról. de Juan Ruiz de Larios, Barcelona, Tartesos, s.f.

自何种文字、哪个版本都没有做具体的说明。

《中国诗人选集（14 至 20 世纪）：附文、史、哲注释》：[①]
译者是佩德罗·吉拉奥（也是《道德经》的译者），是从法文版
转译来的。（法译者）虽标明选译的时间范围在公元 14 世纪至公
元 20 世纪，但只选译了 6 位诗人，全书不过 69 页，法译者在长
达 21 页的序言中，对中国古典诗歌及其翻译难度做了介绍，并强
调自己在翻译过程中更注意"神似"；西文译者也写了 3 页的序言。
书虽不长，却也不失为严肃认真的译作。该书作为研究类著作，
在马德里出版。

从法文转译的还有《中国诗歌》，[②] 译者是桑切斯·塔巴龙，
1982 年在巴塞罗那出版，全书 118 页。

《玉笛》[③] 是在墨西哥城肯陶洛斯出版社出版的一部中国诗
选，从法文本转译，译者是西班牙流亡女诗人艾尔内斯蒂娜·德·昌
布尔辛（1905—1999）。它的装帧很有特点，暗红色边饰，黑色插图。
全书 212 页，有多门奇纳撰写的前言。

墨西哥著名诗人、文学奖、1990 年诺贝尔文学奖获得者奥克
塔维奥·帕斯（Octavio Paz，1914—1998）也是中国诗歌的译者。
他于 1993 年在西班牙《漫步者》杂志"道教与中国艺术"专号
（20～22 期合刊）上发表了自己转译的韩愈、王维、李白、杜甫、

---

① *Antología de los poetas chinos*（*siglos XIV al XX*）：*con notas literarias*,
filosóficas e históricas,　trd. desde el fr. De C. Imbault-Huart e indirecta al esp. de P.
Guirao,　Madrid,　Ediciones Estudio,　s.f. 69 pp.
② *Poesía china*,　trd. de J.Sánchez Trabalón,　Barcelona,　Adiaxs,　1982,　118 pp.
③ *La flauta de jede*,　trd. de Ernestina de Champourcin,　pref. de J. J.
Domenchina,　México,　Centauro,　s.f.,　212 pp.

苏轼等人的诗作。这些译诗曾收入他的《翻译与消遣》一书，并
出版过单行本。

1985 年的奥克塔维奥·帕斯

《中国诗人：透过双重迷雾的风景》，[1] 译者是阿尔瓦罗·永
克，本书也是从法文转译的。第一版于 1966 年在布宜诺斯艾利斯
发行，2000 年在巴塞罗那的阿苏尔（Azul）出版社再版。

不仅阿根廷，利马也出版过中国诗选：《东风：毛泽东与中国

---

① *Poetas chinos. Paisajes a través de una doble niebla*，trd. desde el fr. De
Álvaro Yunque，Barcelona，Azul，2000，125 pp.

诗歌》。^① 这是 1972 年在秘鲁的海滨重镇特鲁希略出版的，译者是诗人、记者费尔南德斯·阿尔塞（A. Fernández Alce）。全书只有 33 页，收录了屈原、陶渊明、李白、杜甫、陆游、毛泽东和郭沫若的诗作。从序言可以看出，由于职业的原因，译者来过中国，并对中国历史有较为深入的了解。书虽小，却不失为严肃认真之作。

在中国诗歌发展史上，唐朝诗歌无疑占有最显赫的地位，因而在国外也有最广泛的传播。在西班牙文唐诗选集的译者中，首先应该介绍的是一对中国、西班牙的夫妻组合：保莉娜·黄与卡洛斯·德尔·萨斯-奥罗斯科。他们在西班牙的中国文学翻译史上占有重要的一席。他们翻译的《唐朝诗人》^② 是在我国广泛流传的清代孙洙（号蘅塘退士）编选的《唐诗三百首》。该书于 1983 年在巴塞罗那出版。译者在序言中不仅说明了自己是直接从中文版本翻译的，而且也说明了自己是如何翻译的，顺带也就对唐诗的内容和形式做了较为详尽的介绍。正因为如此，他们的译本也更为读者所认同。

在介绍唐诗的译者中，有两位是 20 世纪 80 年代移居西班牙的国内学者：陈国坚和陈光孚。前者于 1992 年在马德里的卡特德拉出版社（Cátedra）出版了《唐诗：中国诗歌的黄金时代》，^③

---

① *Viento del Este. Mao y la poesía china*，trd. y pról.de A. Fernández Arce, Trujillo（Perú），Diego E. Natal 1972，33 pp.

② *Poetas de la Dinastía Tang*，selec. de Heng Tang Tui Shi，trd. desde el chino introd.. y notas de Pauline Huang y Carlos del Saz-Orozco，Barcelona，Plaza & Janés，1983.

③ *Poemas de Tang. Edad de Oro de la poesía china*，selec.，trd. desde el chino，intr.. y notas de Chen Guojian，Madrid，Cátedra，1992，182 pp.

由他本人编选并作序，全书 182 页；后者与戈麦斯·希尔合作，于 1999 年在马德里出版了《唐诗选：第一个黄金时代》，[①] 全书 197 页。

另外的两个唐诗选本，一个是 1996 年由哈维尔·亚古埃翻译的《唐朝离别诗 10 首》，[②] 全书只有 14 页；另一部是由莫拉尔编译的《唐诗选》，[③]1997 年在马德里的维索尔出版社出版，全书 167 页。

在个人专集中，介绍的诗人主要有李白、杜甫、王维、苏轼、毛泽东等，其中以李白和毛泽东介绍得最多。

克拉拉·哈内斯与胡安·伊格纳西奥·普雷西亚多合作，翻译出版过王维和杜甫的诗歌。前者是当代颇有名气的女诗人，但不懂汉语，后者不是诗人，但曾在北京语言学院留学。他们的合作倒不失为翻译中国文学的捷径，弥补了西班牙汉学家的不足。他们翻译的王维的诗集题为《辋川的诗篇》，[④] 是一本王维与裴迪的唱和之作（各 20 首）。克拉拉在序言中对王维以及唐诗韵律做了简要的介绍。他们合作翻译出版的另一本书是杜甫的诗作《燕子斜飞》，[⑤] 共 50 余首，序言中有对诗人生平与创作的介绍，所选

[①] *Antología poética de la Dinastía Tang. Primer período de oro.* Trd. desde el chino de Gómez Gil y Chen Guang Fu，Madrid，Edad. 1999，197 pp.

[②] *Diez despedidas de la dinastía Tang*，trd. dedes el chino de Javier Yagüe，s.l.，La Moderna，1996，14 pp.

[③] *Poetas chinos de la dinastía Tang*，selec. y trd. desde el chino de C. G. Moral，Madrid，Visor，1997，167 pp.

[④] *Poemas del Río Wang*，trd. desde el chino y estudio preliminar de Clara Janés y Juan Ignacio，Madrid，Ediciones del Oriente y del Mediterráneo，1999，87 pp.

[⑤] *El vuelo oblicuo de las golondrinas*，trd. desde el chino y estudio preliminar de Clara Janés y Juan Ignacio，Madrid，Ediciones del Oriente y del Mediterráneo，2001，155 pp.

作品基本涵盖了杜甫各个时期的代表作。尤其值得称道的是他们的译本装帧雅丽，古色古香，而且是手写体中文，并配有国画插图，很受西班牙读者的欢迎。当然，也有美中不足之处，如在杜甫诗选中，就把《阁夜》的译文配上了《登高》的原文，并因而导致了此后的译文与原文不相对应。

另一位中国古典诗词的译者是安娜·艾莱娜·苏亚雷斯，她也是《论语》与《道德经》的译者。1988 年，她翻译出版了《李白诗50 首》，[①] 书中对这位闻名遐迩的诗人做了介绍。1992 年她翻译出版了《赤壁怀古及其他诗篇》，[②] 全书 114 页，选译了苏轼的诗作百余首，书中配有中国古代名画、苏轼的书法以及原北京大学留学生办公室工作人员徐德福先生书写的原文诗词作插图。2000 年她又翻译出版了《王维绝句 99 首及诗人的交际圈》，[③] 全书 293 页。

对其余的译者，我们就不再一一介绍了，但有一点是值得我们注意的，那就是国外对毛泽东的诗词非常感兴趣。除了前面提过的马尔塞拉·德·胡安（黄玛赛）在她的第三本中国诗歌翻译中选取了 12 首毛主席诗词之外，在 20 世纪末至少还有 5 个不同的译本。

1968 年，杰罗米·陈在巴塞罗那出版了《毛泽东诗词 37 首》，[④] 是从一个英文版本转译的。这个版本后来（1987）又收入两卷本

---

① *Cincuenta poemas de Li Po*，trad. desde el chino y notas de Anne-Hélène Suárez, Madrid, Hiparión, 1988.

② *Recordando el pasado en el Acantilado Rojo y otros poemas*，trad. Desde el chino, presentación y notas de Anne –H. Suárez, Madrid, 1992.

③ *99 cuartetos de Wang Wei y su círculo*，edición y trad.desde el chino de A.-H. Suárez, Valencia, Pretextos, 2000.

④ *37 poemas de Mao Tse-tung*，trd. indirectamente desde el ing.（de I. Molas y L. Ortega）de Jerome Ch'en, Barcelona, Oikos-Tau, 1968.

的《毛泽东与中国革命》。[①]

1974年，马德里的维索尔出版社出版了周臣福（Chou Chen Fu 的译音）翻译的《毛泽东诗词》。遗憾的是我们对译者一无所知，他收录了毛主席的词作与律诗18首，引人注意的是在这本50页的小册子中，75条注释就占了17页。

1975年，何塞·帕拉欧从意大利文翻译出版了中西文对照的《毛泽东》。[②]意大利文译者是阿尔贝托·莫拉维亚和吉罗拉莫·曼古索。其中后者是汉学家，他们直接翻译了中文版的《毛主席诗词》的前言、注释和说明。在38页的引言中，译者就用了14页的篇幅谈自己在翻译中遇到的各种问题。还有一点值得一提的是，何塞·帕拉欧在将作品从意大利文翻译成西班牙文的过程中，得到了中国驻马德里大使馆文化处的大力帮助，因此书中配有丰富的图片资料。同一年，曼努埃尔·塞阿布拉与华金·奥尔塔合作也翻译出版了毛泽东的《诗词》。[③]

另一本十分精致的毛泽东诗词是为了纪念他的逝世，在西班牙的海滨城市马拉加出版的[④]，是诗歌与思想杂志《海岸》（Litoral）三个月的合刊（64、65、66）。在紫红色的封面正中有三个楷书

① *Mao y la revolución china. Seguido de treinta y siete poemas de Mao Tse-tung*, trd. indirectamente desde el ing. （de I. Molas y L. Ortega） de Jerome Ch'en, Barcelona, Orbis, 1987, 2 vols.

② Mao Tsé-Tung, trd. it. de Alberto Moravia y Girolamo Mancuso e indirecta a esp. de J. José Palao, Madrid, Júcar, 1975, 187 pp.

③ Mao Tse Tung, Poemas, trd. desde el chino, pról. y notas de Manuel Reabra y Joaquín Horta, Barcelona, Aymá, 1975.

④ Torremolinos – Málaga. 1977.

大字"毛泽东"下面的西文是"纪念这位诗人、哲学家、游击战士和革命者"。书的封里写着:"献给诗人毛泽东,他是长征中的游击战士、哲学家,他是使其人民生活发生根本变化的革命的核心,是20世纪最有影响的人物之一。本书表现的是一组诗人如何透过诗歌世界的多棱镜来看待整个这一文化和历史现象。这次参与合作的有何塞·玛利亚·阿马多、洛伦索·萨瓦尔和安赫尔·卡法雷纳。"这本书的内容很丰富,除了毛主席的34首诗词之外,还有《前言》(José María Amado)、对中国诗歌的评述(Lorenzo Saval)和对毛泽东诗词的介绍(Jorge Enrique Adoum);有毛主席于1965年写给《诗刊》和《人民日报》的一封信,有他对自己诗词的解释与说明。此外,还有西班牙著名诗人拉菲尔·阿尔贝蒂及夫人在访华后创作的诗歌与散文《中国在微笑》,[①]长篇报道《马尔罗眼中的毛泽东》[②]以及何塞·玛利亚·阿马多撰写的长篇文章《终点》等。此外,书中还配有多幅照片与插图。

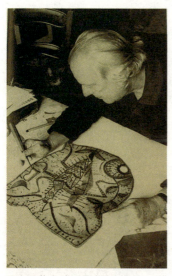

西班牙著名诗人拉菲尔·阿尔贝蒂在作画

---

① Rafael Alberti y María Teresa León: *Sonríe China*, 1958, Buenos Aires.

② *Mao visto por Malraux*,西文译稿系马尔罗的好友菲娜·卡尔德隆提供。马尔罗是法国著名作家,戴高乐执政时期的文化部部长。

在介绍中国诗歌的译作中，不能不提到一本国际诗歌杂志《对等》（*Equivalencias*），因为在 1995 年它出了一期西、英、汉三种语言对照的中国当代诗歌专刊。并于同年组织了以西班牙当代著名诗人何塞·耶罗（José Hierro，1922—2002）为首的访华团，在中国对外友协参加了为该书举行的发行仪式，十分难能可贵。该杂志为 16 开本，256 页，书中收录了从苏金伞、蔡其矫、郑敏、李瑛、牛汉、公刘、邵燕祥至舒婷、芒克、李小雨、欧阳江河、西川、翟永明等 20 位诗人的作品，并配有齐白石、娄正钢的绘画做插图。如此集中地介绍中国当代诗歌，是前所未有的。

对中国小说的译介

西班牙对我国叙事文学的翻译介绍，起步也是比较晚的，这当然与那里的汉学不发达有关。就古典文学名著而言，《三国演义》至今尚无译本，《水浒传》虽有外文出版社的译本，[①] 但在西班牙几乎没有发行；在西班牙影响较大的是《红楼梦》[②]《西游记》[③] 和

2004 年版的西班牙文《西游记》封面

---

① 西文译为 *A la orilla del agua*，译者是 Mirko Láuer jessica McLauchlan，北京外文出版社，1992 年。

② *Sueño en el Pabellón Rojo*，格拉纳达大学出版社，1988。

③ *Vieje al oeste*（*las aventuras del Rey Mono*），trad. Desde el chino de Imelda Hwang y Enrique P. Gatón，Madrid，Siruela，1993.

《儒林外史》。①

《红楼梦》在西班牙的翻译出版是中西合作的产物。1986 年，北京外文出版社为了开拓市场、打开销路，决定与西班牙格拉纳达大学合作出版西文版《红楼梦》：北京外文出版社提供西文译稿和序言（李希凡撰稿），格拉纳达大学负责出版发行，并向外文局提供两个进修西班牙语的奖学金名额。格拉纳达大学出版社看译稿后，觉得没有达到出版水平。原因有二：一是这部译稿并非直接译自汉语，而是一位秘鲁人依据杨宪益先生的英文版本转译的；二是译文质量没达到出版水平。他们认为：这部译稿只有经过中国的西班牙文学者逐字逐句地校订才能出版。于是，格拉纳达大学 秘书长卡萨诺瓦先生找到中国驻华使馆文化处的张治亚参赞，请他推荐一位适当的人选来做此事。此前，张先生曾任中国驻阿根廷文化参赞，因而知道笔者曾翻译过阿根廷史诗《马丁·菲耶罗》，于是便向卡萨诺瓦先生推荐。笔者深知自己无法单独胜任此事，第一次与格拉纳达大学秘书长见面时，便提出需要一位文字水平很高的的西班牙朋友（最好是诗人）共同修订这部译稿。我们先后两次用了三年半的时间，对照人民文学出版社于 1982 年出版的、以庚辰本为底本，由时任红学会会长的冯其庸先生校勘、注释的《红楼梦》进行逐字逐句的修订，对书中的章回目录、诗词曲赋、楹联匾额统统进行了重译。外文出版社的代表看到这种情况，觉得已不能再署原译者的名字，就临时决定署

---

① *Los mandarines: historia del bosque de los letrados.* Presentación，trad. desde el chino y notas de Laureano Ramírez，Barcelona，Seix Barral，1991.

了个根本不存在的"TUXI"的名字（西语图书之意）。

西文版《红楼梦》第一卷（前四十回）于 1988 年 9 月 28 日在格拉纳达大学问世。以杨宪益先生为首的外文局代表团一行四人和张治亚参赞应邀出席了首发式。卡萨诺瓦先生在为本书撰写的简短的前言中说：

> 阅读曹雪芹的巨著《红楼梦》使我们无法平静。它向我们提供了无比丰富的情节，从而使我们对中国文化和智慧的无限崇敬更加牢固……对格拉纳达大学来说，此书的出版意味着极大的光荣和优越感，因为我们首先把这智慧和美好的极其丰富的遗产译成了西班牙文……

《红楼梦》第一卷的出版引起了不小的反响。西班牙全国性刊物 ABC 杂志在 1989 年第二期的"书评家推荐书目"中就有两位评论家同时推荐了《红楼梦》（共有 14 位评家参加推荐），紧接着下一期上又发表了华金·马尔科评介该书的文章。《读书》《吉梅拉》等文学刊物也先后发表了推荐文章。格拉纳达地区的电台和西班牙电视台二台还不止一次地播发有关《红楼梦》的专访。尤其值得一提的是在 1989 年 5 月 3 日的《理想》日报（格拉纳达地区最重要的报刊）上发表了一篇对格拉纳达大学出版社社长曼努埃尔·巴里奥斯先生的访谈录。巴里奥斯先生说：

> 这部中国小说的译本在全国各地所赢得的反响促使我们大学出版社要改变自己的方针，我们要与那丑陋的、

令人反感的图书决裂，这是以往格拉纳达大学出版社给人留下的印象。

《红楼梦》首卷的第一版 2500 册统统被一家发行公司买走，并在一个多月内售完。第二卷（第四十一至第八十回）于 1989 年 9 月出版。第三卷（后四十回）的出版却一波三折，直至 2005 年才问世。

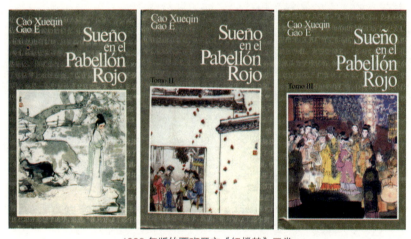

1998 年版的西班牙文《红楼梦》三卷

1991 年，巴塞罗那的塞伊斯·巴拉尔出版社出版了《儒林外史》，拉乌雷亚诺·拉米雷斯·贝叶林翻译并注释，[①] 他因此于 1992 年获得了西班牙国家翻译奖。1993 年，马德里的西鲁埃拉（Ciruela）出版社又出版了《西游记》，译者是伊梅尔达·黄和恩里克·P.

① *Los mandarines: historia del bosque de los letrados*, presentación, trad. desde el chino y notas de Laureano Ramírez Bellerín, Barcelona, Seix Barral, 1991.

加童。[①]2011 年，这又是中国与西班牙文学交流史上的一件大事。

在西班牙翻译出版的中长篇小说还有巴金的《家》[②]、钱锺书的《围城》[③]、铁凝的《没有纽扣的红衬衫》[④]、古华的《芙蓉镇》[⑤]、张洁的《方舟》[⑥]、胡奇的《五彩路》[⑦]、旅英小说家虹影的《背叛之夏》[⑧]等。此外，还有两部具有广泛影响的传记译成了西班牙文，一部是末代皇帝溥仪的《我的前半生》，[⑨]另一部是冰心的《我的自传》[⑩]（西文题为《一位中国姑娘的自传》）。2007 年底，作家莫言的《丰乳肥臀》也译成了西班牙文。

实事求是地说，西班牙对我国长篇小说的翻译介绍还处在零星、分散的起步阶段，至今还没有一套系统的丛书问世，人们对我国文学的认识还只是一知半解。就现当代作家而言，西班牙知

---

① *Viaje al oeste*（*las aventuras del Rey Mono*），trad. desde el chino Imelda Hwang y Enrique P. Gatón，Madrid，Siruela，1993.

② Ba Jin，*La familia Kao*，trad. desde el chino de T. Fisac，Madrid，SM，1985，215 pp.

③ Qian Zhongshu，*La fortaleza asediada*，trad.desde el chino de T. Fisac，Barcelona，Anagrama，1992，440 pp.

④ Tie Ning，*La blusa roja sin botones*，trad.desde el chino de Tasiana Fisac，Madrid，SM，1985，1989，157 pp.

⑤ Gu Cheng，*Hibisco*，Barcelona，Caralt，1989，268 pp.

⑥ Zhang Jie，*Galera*，trad. desde el chino I. Alonso，Tafalla，Txalaparta S.L.，1995，146 pp.

⑦ Hu Qi，*La carretera resplandeciente*，Beijing，Editorial en Lenguas Extranjeras，1981，142 pp.

⑧ Hong Ying，*El verano de la traición*，trad. Desde el chino Lola Díaz Pastor，Barcelona，Plaza &Janés，1998，193 pp.

⑨ Pu Yi，*Yo fui el último emperador de China*，trad. desde el alemán de Jesús Ruíz，Barcelona，Circulo de Lectores，1988，508 pp.

⑩ Xie Bingxin，*Autobiografía de una muchacha china*，prólogo de Marcela de Juan，introd..y trad. ing. de Tsui Chi，Madrid，Mayfre，1949，279 pp.

识界了解得最多的是鲁迅。鲁迅的中短篇小说如《呐喊》《狂人日记》[①]和《阿Q正传》[②]等都被译成了西班牙文。

在译成西班牙语的中国文学作品中，以短篇小说为最多。据不完全统计，至少有46个版本：其中：6部是北京外文出版社翻译出版的，一部与西班牙米拉瓜诺（Miraguano）出版社联合发行，一部是在阿根廷出版，两部在墨西哥出版，其余37部都是在西班牙出版的。这46部作品大体可分为三类，其中：20部是直接从汉语翻译的，13部是从其他语言转译的，另外13部不清楚是直译还是转译，当然也就不知道译自何种语言。从时间上讲，1980年至2000年这20年间译介的最多（31部）。

在直接从中文的译介中，最令人注目的是前面提到的马尔塞拉·德·胡安（黄玛赛）和北京外文出版社翻译的作品。前者翻译了3部短篇小说选，都是在西班牙的埃斯帕

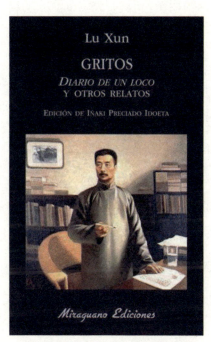

1918年版西班牙文《狂人日记》封面

---

① Lu Xun, *Diario de un loco*, Barcelona, Tusquets, 1971, 78 pp.

② Lu Xun, *La verítica historia de A Q*, trad. de Ernesto Posse, intr.. Horacio Vázquez Rial, Madrid, Compañía Europea de Comunicación e Información, 1991, 23 pp.

萨 - 卡尔佩出版社出版的：《古镜记及其它中国故事》①《中国古代传统小说集》②和《东方幽默小说集》。③应当指出的是，马尔塞拉·德·胡安早在 1947 年就曾在阿根廷首都布宜诺斯艾利斯的埃斯帕萨 - 卡尔佩出版社出版过后两部小说中的作品，题为《中国短篇小说选》，并由我国著名法国文学学者罗大冈作序。

在北京外文出版社翻译出版的作品中，第一部是《东郭先生》，这是根据明朝马中锡的《中山狼传》改编的，图文并茂，是一篇很好的少儿读物。1979 年出版了时任中国作协主席的茅盾先生的《春蚕及其他短篇小说集》，包括 13 个短篇小说，译者是路易斯·恩里克·德拉诺。④1980 年又出版了根据《柳毅传》等唐朝传奇改编的《龙女·唐代传奇》。⑤在该书的前言中，对唐朝传奇进行了分类介绍，并配有明清版的插图。遗憾的是，如同外文局的许多译作一样，没有关于译者的具体资料。在 1984 年和 1989 年，北京外文出版社先后出版了两部《优秀短篇小说选》，第一部选录的是 1919 年至 1949 年间鲁迅等作家的 17 部短篇小说作品；第二部

---

① *El espejo antiguo y otros cuentos chinos*，selecc. y trad. desde el chino y pról. De M. de Juan, ilustraciones de María Jesús Fernández Castaño, Madrid, Espasa-Calpe, 1988, 158 pp.

② *Cuentos chinos de tradición antigua*, trad. desde el chino de M. de Juan, Madrid, Espasa-Calpe.

③ *Cuentos humorísticos orientales*, trad. desde el chino de M. de Juan, Madrid, Espasa-Calpe.

④ Mao Dun, *Gusano de seda de primavera y otros cuentos*, trd. Luis Enrique Délano, Ediciones en Lenguas Extranjeras, Beijing, 1979, 286 pp.

⑤ *La hija del rey dragón.Cuentos de la dinastía Tang*, Beijing, Ediciones en Lenguas Extranjeras, 1980. 110 pp.

选的是 1949 年至 1983 年间峻青等作家的 14 部短篇小说，[①] 这些作品均选自作家出版社出版的中华人民共和国成立以来的获奖小说集。在这两部选集中，每篇入选作品的前面，都有作者简介，最后有译者的姓名。1992 年，北京外文出版社与西班牙米拉瓜诺出版社合作出版了《中国古代神话故事》。[②]

除上述的译本外，还有 10 部直接译自汉语的短篇小说集值得一提。

1968 年卡门·S. 布朗奇在巴塞罗那翻译出版了《中国短篇小说选》。[③] 全书选录 28 篇故事，主要作者有王度、蒲松龄、牛僧儒等，主要选自《玄怪录》《今古奇观》《京本通俗小说》《聊斋志异》等作品。

1973 年墨西哥学院的李阔等（Lee Kuo 的译音）翻译出版了老舍的《柳家大院及其他故事集》。[④] 这是一个关于老舍作品研讨会的产物。

1978 年，胡安·伊格纳西奥·普雷西亚多和米格尔·萧在马德里翻译出版了《鲁迅作品选》。[⑤] 这是一部鲁迅短篇小

[①] *Cuentos ejemplares*（1919—1949）*y Cuentos ejemplares*（1949—1983）. Beijing, Ediciones en Lenguas Extranjeras, 1984. y 1989.

[②] *Relatos mitológicos de la antigua China*, recop. Por Chu Binjie, ilustraciones de Yang Yongqing, Ediciones en Lenguas Extranjeras en colaboración con Miraguano, Beijing, Madrid, 1992, 173 pp.

[③] *Cuentos chinos*, selecc. y trad. Desde el chino de Carmen S. Blanch, Barcelona, Afha S. A. 1968, 160 pp.

[④] Lao She, *La casa de los Liu y otros cuentos*, trad. desde el chino Lee Kuo, México, El Colegio de México, 1973, 125 pp.

[⑤] Lu Xun, *Obraz*, trad. desde el chino Juan Ignacio Preciado y Miguel Shiao, Madrid, Alfaguara, 1978.

说集，主要选译了鲁迅于 1918 年至 1922 年写作的小说《呐喊》等 14 篇。

1986 年和 1987 年，马德里的阿纳亚出版社先后出版了《千年中国短篇小说选》上下卷。[①]译者是伊梅尔达·黄和恩里克·P. 加童，即《西游记》的译者。这是比较全面、系统地向青少年介绍中国短篇小说的读物，书中有长篇的序言和丰富的插图，附有汉语题目，并对中国不同朝代的短篇小说进行了分门别类的介绍。

1989 年，玛利亚·多洛雷斯·弗尔奇翻译了当代女作家张辛欣与一位记者合作的"一百个普通中国人的自叙"《北京人》。[②]1990 年，巴塞罗那的一家出版社出版了北京外文出版社翻译的茹志鹃等 8 人的选集《八位中国女作家》。[③]从前言中，我们知道，这是由我国西班牙语学者翻译、拉丁美洲专家修订的，因为"其中有些词句会使西班牙语读者感到陌生"。

据《中国文学翻译在西班牙》一书的作者阿尔比亚加统计，转译的短篇小说有 7 部译自英文、3 部译自法文、1 部译自这两种语言，还有两部译自德文。在此难以一一叙述，只介绍其中有代表性的几部。

1982 年，安东尼奥 - 普罗梅特奥·莫亚从英文翻译了《中国

---

① *Cuentos de la China milenaria I y Cuentos de la China milenaria II*，trad. desde el chino e intr. de Enrique P. Gatón e Imelda Hwang，Madrid，Anaya，1986 y 1987.

② Zhang Xinxin y Sang Ye，*El hombre de Pekín*，trad. desde el chino de María Dolores Folch，Sabadell，AUSA，1989，284 pp.

③ Ru Zhijuan，*Ocho escritoras chias*，Barcelona，Icaria，1990，412 pp.

幻想短篇小说》。^①这本集子包括近百个不同类型的中国古典短篇小说。这本书的英文译者是纽约大学远东研究室主任、汉语教授莫斯·罗伯特博士。1983 年出版的《中国十七世纪经典短篇爱情小说选》包括《怒沉百宝箱》等 6 个故事，英文译者是埃斯特·莎米·吉尔（Estern Shame Girl），西文译者却是无名氏。^②1985 年马德里米拉瓜诺出版社出版的《中国短篇小说选》是由辅仁大学教授霍奇森（Hodgsen）编选并译成英文的，西文译者同样是无名氏。^③全书包括 6 篇世界起源的故事、6 篇关于动物故事、10 篇鬼怪故事、4 篇魔幻故事、10 篇精灵故事、5 篇人的故事和 6 篇爱情故事。霍奇森教授在前言中对中国的文化背景以及小说的传统题材进行了较为详细的介绍。1986 年，马里奥·梅里诺从英文转译了《猴王与白骨精》，这显然是根据《孙悟空三打白骨精》改编的。^④2000 年，波利·德拉诺和路易斯·恩里克·德拉诺从英文和法文转译了《中国十大短篇小说》，其中包括鲁迅、茅盾、老舍、郁达夫等 20 世纪的小说名家。^⑤

　　在 13 部不知译自何种语言的版本中，出版于 20 世纪 40 年代

---

① *Los cuentos fantásticos de China*，trd. ing.de Moss Roberts e indirecta a español de Antonio-Prometeo Moya，Barcelona，Crítica，1982，316 pp.

② *Cuentos amorosos chinos clásicos del siglo XVII*，selec y trad. anónimo，Barcelona，Teorema，1983.

③ *Cuentos chinos*，selec.y trad. Ing. de Alfred J. Hodgsen e indirecta a esp. anónimo，Madrid，Miraguano，1985.

④ Wu Cheng-en，*El rey de los monos y la bruja del esqueleto*，adapt. Wang Sing-pei，trd.de Mario Merlino，Madrid，Altea，1986，120 pp.

⑤ *Diez grandes cuentos chinos*，selec.y trd. desde el fra. Y el ing. de Poli Délano y Luis Enrique Délano，Barcelona，Andrés Bello，200.

的两本、50 年代的两本，70 年代的 1 本，剩下的 8 本都是 80 和 90 年代出版的。其中比较重要的有：1941 年在巴塞罗那出版的《中国仙女的故事》[①]（于 1955 年和 1958 年再版），译者是马丘·克维多。同一年，在巴塞罗那还出版了蒲松龄的《聊斋志异》的《奇异的故事》。[②]1958 年，同样在巴塞罗那出版了《中国短篇小说》[③]和《中国十佳短篇小说》[④]两本译作，它们都没有译者也没有前言。1973 年出版了《古代中国的爱情与传说》。[⑤]1984 年和 1985 年，巴塞罗那的奥贝利斯科出版社先后出版了《中国魔幻故事集》[⑥]和《中国幽灵故事集》。[⑦]1988 年在巴塞罗那出版的《古代中国的寓言故事》[⑧]是由上海作家魏金枝编选的。入选的寓言只有 34 篇，但 1989 年和 1997 年在马德里再版时，却扩大到了 121 篇，可见这本书是很受西班牙读者欢迎的。1990 年，在西班牙北部城市莱昂出版了一本《龙的足迹：中国民间故事》，[⑨]这是个十分可喜的

---

① *Cuentos de hadas chinos*, trd. de E. Macho Quevedo, ilustraciones de E. Bouquet, Barcelona, molino, 1941, 115 pp.

② Pu Songling, *Cuentos extraños*, adapt.esp. de Rafael de Rojas y Ramón, Barcelona, Atlántida, 1941, 139 pp.

③ *Cuentos chinos*, Barcelona, Araluce, 1958, 77.

④ *Los diez mejores cuentos chinos*, Barcelona, Sucesor de E. Meseguer Editor, 1958, 80 pp.

⑤ *Leyendas y amores de la antigua China*, Barcelona, Petronio, 1973, 185 pp.

⑥ *Cuentos mágicos chinos*, trd. de Gloria Peradejordi, Barcelona, Obelisco, 1984, 1987, 155 pp.

⑦ *Cuentos chinos de fantasmas*, pról. de M. Quinto y trad. de Amalia Peradejordi, Barcelona, Obelisco, 1985, 1990, 123 pp.

⑧ *Fábulas y relatos de la antigua China*, Barcelona, Edicominicación, 1988, 182 pp.

⑨ *La huella del dragón. Cuentos populares chinos*. Trd. Y adapt. de Elena del Amo, introd. de Alberto Marín, León, Gaviota, 1990, 285 pp.

现象。1995 年，巴塞罗那出版了《中国佛教的故事与传说》；[①] 1997 年，马德里出版了北京外国语大学西班牙语系常世儒教授和西班牙拉米罗·卡略霍译的《中国经典短篇小说 101 篇》；[②]1999 年，巴塞罗那出版了《唐朝短篇小说》，[③] 这些都是比较重要的介绍中国文学的译著。

[①] *Cuentos y leyendas budistas*（*de la China*），Barcelona，MRA，1995，123 pp.

[②] *101 Cuentos clásicos de la China*，introd..Sebastián Vázquez，recop. y trd. de Chang Shiru y Ramiro Calle，Madrid，Edaf，1997，219 pp.

[③] *Cuentos de la Dinastía Tang*，pról.，trad. y notas de la Flor y Seoane Pérez，Madrid，Biblioteca Nueva，1999，149 pp.

第三章

西班牙文学在中国

众所周知，西班牙语是从民间拉丁语演化来的，不像汉语那样，从象形文字到方块字，从古到今，一脉相承。西班牙文学始于 11 世纪的诗歌哈尔恰。[①] 至于西班牙文学传播到我国，从严格的意义来说，那已是 20 世纪的事情了。下面我们就对西班牙文学在我国的翻译与传播做一个鸟瞰式的梳理，重点介绍一下塞万提斯（《堂吉诃德》）在我国的译介过程及其对我国创作界的影响。

与英、法、俄、德等国家的文学相比，西班牙文学在我国的传播开始得较晚，而且数量也较少。原因很简单，中华人民共和国成立前，我国根本没有西班牙语教学，懂西班牙语的人

西班牙马德里广场上的堂吉诃德雕像

① 直至 1948 年，人们才发现 11 世纪上半叶混居在阿拉伯人中间的西班牙人创作的抒情短诗（jarcha），这是西班牙最早的文学作品。

很少，能从事文学翻译的人更少，因而即便是零散的翻译介绍，也都是从其他语言转译的。

中华人民共和国成立后，北京外国语学院于 1952 年开设了西班牙语专业。主要目的是为外交部培养翻译。直至 1960 年，随着"古巴革命"的成功，我国的西班牙语教学才比较广泛地开展起来，在北京大学等十余所高校先后开设了西班牙语专业。当时的教学以语言为主，文学的内容很少，培养出来的人才主要也是为政治斗争服务的。因此，在"文化大革命"以前，对西班牙文学译介的并不多，译介的对象主要是对西方社会持揭露、批判态度的作家或诗人。"文化大革命"以后，随着改革开放的发展，对外国文学的译介、研究呈现了繁荣的景象，但是对西班牙文学的译介仍然无法与其他欧洲大国相比，原因有二：一是翻译人才匮乏；二是拉丁美洲文学的崛起，大部分人力都投入拉丁美洲文学的翻译里去了（遗憾的是这已不属于本文论述的范畴，尽管拉丁美洲文学与西班牙文学的载体都是西班牙语）。

要说西班牙语文学在中国的传播，不能不提一下中国西班牙、葡萄牙、拉丁美洲文学研究会的成立（1979）。尤其是在 20 世纪八九十年代，该学会对西、葡、拉美文学在我国的译介和研究起了很大的促进与推动作用。本文中引用的部分资料就取材于研究会的第一和第四期会刊，是由许铎和林光先生先后搜集整理的。

《堂吉诃德》在中国的翻译与传播

中国翻译史上有三次高潮。第一次主要是佛经翻译，第二次是五四运动时期，第三次便是改革开放以后。佛经翻译与西班牙文学无关。因此，西班牙文学在中国的翻译与传播是从五四运动以后开始的。

翻译家林纾

1922 年，根本不懂外语的林纾与懂英文的陈家麟合作，翻译了西班牙最伟大的作家塞万提斯的长篇巨著《堂吉诃德》（上部），林纾根据陈家麟口述，译为《魔侠传》①。无论如何，这都是中国翻译史上的一件大事。

《堂吉诃德》全名为《奇思妙想的绅士堂吉诃德·德·拉曼恰》，作者米格尔·德·塞万提斯·萨维德拉。全书分上下两部：第一部发表于 1605 年，10 年后出版了第二部。德国著名诗人海涅曾经将塞万提斯与莎士比亚、歌德相提并论，称他们是"三头统治"，在叙事、戏剧、抒情这三类文学创作中各领风骚②。法国作家勒内·基拉尔认为"西方

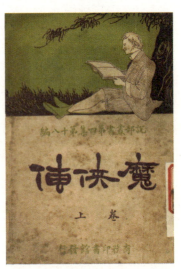

1933 年版商务印书馆《魔侠传上卷》封面

---

① ［西］塞万提斯：《魔侠传》，林纾、陈家麟译，上海商务印书馆，1922 年版，说部丛书第 4 集第 18 编。
② ［德］海涅：《精印本〈堂吉诃德〉引言》，钱锺书译，见张玉书编《海涅选集》，人民文学出版社，1983 年版。

小说没有一个概念不曾在塞万提斯的作品里初露端倪"①，墨西哥当代著名作家卡洛斯·富恩特斯称"所有的小说都是《堂吉诃德》主题的变奏"。2002 年 3 月 7 日，全球 54 个国家的 100 位著名作家投票评选出百部世界文学名著，《堂吉诃德》以 50％ 的得票率高居榜首，遥遥领先于其他作品。《堂吉诃德》在西方文坛上的地位和影响可见一斑。在《堂吉诃德》上部出版两年后，英国人托马斯·谢尔顿（Thomas Shelton）就将其翻译成了英文，这也是《堂吉诃德》的第一个翻译本。从这个意义上说，堂吉诃德先生在我国，已是姗姗来迟了。

《堂吉诃德》第四版扉页，
1605 年出版于马德里

《堂吉诃德》出版 400 年纪念版

　　《魔侠传》并非成功的译本，它的主要缺欠有五：①没有体现出主人公的内心世界，译文中的堂吉诃德没有任何人文主义或

---

① ［法］勒内·基拉尔：《浪漫的谎言与小说的真实》，罗芄译，三联书店，1998 年版第 54 页。

理想主义的精神，仅仅是一个"书迷心窍"、疯疯癫癫的书呆子而已。②虽然主要情节未见遗漏，但是，塞万提斯的文采却被大打折扣，丝毫看不出作者的匠心独具。尤其是将原著中的"序言"全部删去未译，更是一大失误，因为这历来是塞万提斯学者们仔细研读的重点——它集中地表达了作者的创作意图以及他对当时西班牙文学创作的意见。③将小说改为只有一个叙事者，即全知全能的作者，这不仅大大损害了原著的艺术魅力，而且原著中所体现出的现代精神和特征也荡然无存。④将原文中与西班牙历史文化传统互文的语句全都略去不译。《堂吉诃德》最突出的语言风格之一体现在桑丘身上，他妙语连珠、诙谐幽默，张口就是西班牙谚语，而《魔侠传》将贯穿全书始终的主仆二人之间饶有趣味的对话全都译为叙述口吻①，让人很难体味小说"双声复调"的风格。⑤除了删减之外，林纾也随意增加语句，直接进入译文中说三道四。如第一部第三十一章中（《魔侠传》第四段第四章）讲述男孩儿安德列斯再次遇见堂吉诃德，责怪他上次的多管闲事，因而使自己遭受了主人更加凶狠的毒打，而且连工钱都被扣下了，可是他诅咒堂吉诃德说，"上帝要叫您和天下所有的游侠骑士都不得好死"。而林纾在此篡改为"似此等侠客，在法宜骈首而诛，不留一人，以害社会"，并在括号之内加上自己的评论"（吾于党人亦然。）"，完全置原文于不顾。周作人因此愤慨道："这种译文，这种批注，我真觉得可惊，此外再也没

---

① 周作人：《魔侠传》，钟叔河编《周作人文选》卷一，广州出版社，1995年版第 340 页。

有什么可说了。"

还需要指出的是，《魔侠传》是林纾在去世前一年出版的作品。后期林译小说，被钱锺书先生称为"老笔颓唐"，而且"态度显得随便"，甚至有些"漠不关心"，译作中再难见到序、跋、题诗、按语、评注等等，也很少表达自己对所译作品的见解，与前期那个"精神饱满而又集中、兴高采烈、随时随地准备表演一下他的写作技巧"、充满自信的林纾判若两人。

尽管《魔侠传》的译文说不上成功，但基本上还是译出了原著上部的故事情节，而且文字依旧简洁洗练，往往几个字就能传神地表达出原文的意思，更何况毕竟是林纾和陈家麟率先将这部伟大的小说带到了中国读者面前。因此，商务印书馆于 1930 年 5 月和 1933 年 12 月又再版了两次。

值得一提的是，《魔侠传》出版之后，在我国竟然掀起了一个翻译《堂吉诃德》的小高潮：最早的是 1930 年 5 月贺玉波根据一个节译本的重述本，之后又有蒋瑞青（1933 年 3 月）、温志达（1937）以及傅东华（1939 年 4 月）的译本，中华人民共和国成立前最后一个版本是 1948 年范泉的改写本。当然，这些译本无一不是转译的，而且全都经过删节。此外，戴望舒先生曾经从西班牙原文翻译过《堂吉诃德》，可惜译稿在战火中丢失，令人惋惜。不然以戴望舒的文笔和外语功底，他的译本是非常值得期待的。尽管有这样或那样的缺欠，这些译本毕竟为《堂吉诃德》的普及做出了贡献，此时不仅各式各样的世界文学的文丛、少年文库之类要收入《堂吉诃德》中译本，而且本土的外国文学史也给予它很高的评价。茅盾还在《世界文学名著讲话》（1936年6月初版）中全面详细地介绍了塞万提斯的生平事迹。

在中国，最早热情推崇《堂吉诃德》的是周作人。他大力宣扬《堂吉诃德》在西方文学史中不可撼动的地位，并首先对堂吉诃德这一形象做出了正面积极的评价。

他在1918年出版的北大课堂讲稿——《欧洲文学史》中这样论述塞万提斯与《堂吉诃德》：

> Miguel de Cervantes Saavedra（1547—1616）作小说 Don Quixote，为世界名作之一。论者谓其书能使幼者笑，使壮者思，使老者哭，外滑稽而内严肃也。Cervantes 本名家子，二十四从军与土耳其战，负伤断其左腕。自 Messina 航海归，为海盗所获，拘赴 Algiers，服役五年脱归。贫无以自存，复为兵者三年。后遂致力于文学，作戏曲小说多种，声名甚盛，而贫困如故，以至没世。所著小说 Galatea 及 Novelas Ejemplares 等，皆有名，尤以 Don Quixote 为最。Don Quixote 本穷士，读武士故事，慕游侠之风，终至迷惘，决意仿行之。乃跨羸马，被甲持盾，率从卒 Sancho，巡历乡村，报人间不平事。斩风磨之妖，救村女之厄，无往而不失败。而 Don Quixote 不悟，以至于死，其事实甚多滑稽之趣。是时武士小说大行于世，而纰缪不可究诘，后至由政府示禁始已。Cervantes 故以此书为刺，即示人以旧思想之难行于新时

代也，唯其成果之大，乃出意外，凡一时之讽刺，至今或失色泽，而人生永久之问题，并寄于此，故其书亦永久如新，不以时地变其价值。书中所记，以平庸实在之背景，演勇壮虚幻之行事，不啻示空想与实生活之抵触，亦即人间向上精进之心，与现实俗世之冲突也。Don Quixote 后时而失败，其行事可笑。然古之英雄，先时而失败者，其精神固皆 Don Quixote 也，此可深长思者也。

寥寥数百字便使一个理想主义的、悲剧式的英雄跃然纸上。周作人的《欧洲文学史》到 1926 年 8 月时已是第七版重印，足见其影响之大。郑振铎的《文学大纲》（1925）中呼应了周作人的观点，继续弘扬堂吉诃德的高尚精神，突出《堂吉诃德》的悲剧意识和伟大性。1925 年，周作人在另一篇文章《魔侠传》中再次强调了堂吉诃德的理想主义精神，并提醒人们不要因译本的不尽如人意而错过这部伟大的世界名著。[1] 同一年，还发生了周作人与陈源关于《堂吉诃德》的论争。[2] 鲁迅先生也参与了关于塞万提斯与《堂吉诃德》的论战，见鲁迅《华盖集续编·无花的蔷薇之三》等文章。而且鲁迅先生后来曾被李初梨等人称为"堂鲁迅"。[3] 经

---

[1] 周作人：《魔侠传》，1925 年 1 月《小说月报·自己的园地》。

[2] 见陈源于 1925 年 11 月 7 日在《现代评论》第二卷第四十八期发表的《闲话》（署名西滢）和周作人于 1925 年 12 月发表在《语丝·自己的园地》的文章《塞文狄斯》。

[3] 李初梨：《请看我们中国的 Don Quixote 的乱舞——答鲁迅〈"醉眼"中的朦胧〉》，载《文化批判》，1928 年 4 月号。

过"革命文学"论战中这番围绕《堂吉诃德》的交锋，这个人物才在中国知识界有了真正与其经典性相称的知名度，成为大家挂在嘴边、用诸笔端的典型（无论是把他看成一个滑稽可笑的人物还是可歌可泣的英雄）。鲁迅自己就写过《中华民国的新"堂吉诃德"们》，并和瞿秋白合作发表《真假堂吉诃德》，揭穿那些假堂吉诃德的虚伪面具，他们假凭堂吉诃德的精神与理想，却只会愚弄和利用堂吉诃德式的老实与执着。瞿秋白还作过《吉诃德的时代》（1931），讽刺中国的思想文化界只是一个小团体，与大众隔膜，所以广大的读者其实仍被旧、俗文艺占据，于是瞿秋白呼唤中国塞万提斯的出现。

到了20世纪30—40年代，国难当头，民族危亡，堂吉诃德又被赋予民族主义的色彩。唐弢1938年作《吉诃德颂》，将堂吉诃德的特质定义为"勇往直前，不屈不挠"，他呼唤能无私无畏地为大众与民族去冒险的战士。北京大学教授钱理群先生甚至认为堂吉诃德是那个时代精神的代表。从那时起，《堂吉诃德》开始真正对中国的文学创作产生影响，比如从张天翼的《洋泾浜先生》、废名的《莫须有先生传》等作品中，都或多或少地能看到《堂吉诃德》的影子。近年来，很多现代文学以及比较文学的学者将《阿Q正传》《狂人日记》或者《莫须有先生传》和《堂吉诃德》做比较研究，也不是没有道理的。1955年社会主义阵营中的组织"世界和平理事会"号召各社会主义国家纪念《堂吉诃德》出版350周年。一时间在中国掀起了一个介绍评论的小高潮，但几乎毫无例外地将《堂吉诃德》推为一部伟大的"现实主义巨著"。

这次纪念活动之前，傅东华 1939 年的译本由商务印书馆再版，1959 年全译本《吉诃德先生传》出版，这也是中国第一个全译本。1979 年"文化大革命"刚刚结束，人民文学出版社就推出了杨绛先生直接译自西班牙语的全译本，至今已再版多次，成为在我国印数最多的版本。到了 90 年代，才又有董燕生（浙江文艺出版社，1995）、屠孟超（译林出版社，1995）、刘京胜（漓江出版社，1995）、唐民权（陕西人民出版社，2000）、孙家孟（北京十月文艺出版社，2001）、张广森（上海译文出版社，2001）等西班牙语翻译家的全译本陆续出现。其中董燕生的版本曾于 2001 年获得鲁迅文学翻译彩虹奖，孙家孟的版本曾获外国文学最佳图书奖。此外，还有一些面向青少年读者的改写本和缩写本。[①]1996 年，人民文学出版社出版了 8 卷本的《塞万提斯全集》。

　　时至今日，塞万提斯的《堂吉诃德》早已来到中国，塞万提斯学院也于 2007 年在北京创立，后又到了上海，除教授西班牙语外，也开展了丰富多彩的文化交流活动。与其相应的是在西班牙的马德里、巴塞罗那、格拉纳达、巴伦西亚、莱昂和拉斯帕尔马斯等 6 座城市创办了孔子学院，让我们窥见了中国与西班牙文化交流的掠影。

　　四百年了，塞万提斯并未离开人世，堂吉诃德依然鲜活。他

---

① 如沙克莱改写、刘云翻译的《吉诃德先生传》，中国青年出版社，1956 年版；常枫翻译了同一个改写本，香港侨益书局，1959 年版，这个版本于 1981 年又在湖南人民出版社和上海少年儿童出版社出过，前者的翻译是罗其精，后者是陈伯吹；1982 年北京外语教学与研究出版社又出版了墨西哥纳瓦罗改写，张世春、殷国义翻译的版本。

的精神依然具有普遍意义。在这机遇与挑战并存的伟大时代，人类为了实现自己的理想，依然需要捍卫自由、争取平等、同情弱小、不畏艰险、勇往直前的"堂吉诃德精神"。

毕加索绘的堂吉诃德

西班牙文学在新中国的翻译与传播

中华人民共和国成立前，除了《堂吉诃德》之外，翻译成汉语的西班牙小说大约只有布拉斯科·伊巴涅斯[①]和皮奥·巴罗哈等少数作家的作品。鲁迅先生译过"98 年一代"作家皮奥·巴罗哈的《山民牧唱》，[②]并在新中国成立后于 1953 年由人民文学出版社再版；戴望舒先生翻译过布拉斯科·伊巴涅斯的《良夜幽情曲》（上海光华书局，1928）和《西班牙短篇小说选》（上海商务印书馆，1936）。西班牙文学在中国的传播还是在新中国成立以后进行的。

西班牙巴伦西亚市伊巴涅斯广场
上伊巴涅斯半身像

---

① 当时把伊巴涅斯译为伊本纳兹或伊巴枭兹。
② 鲁迅先生在《集外集拾遗·文艺连丛》（129）中写道："《山民牧唱》西班牙巴罗哈作，鲁迅译。西班牙的作家，中国大抵只知道伊本纳兹，但文学的本领，巴罗哈实远在其上。日本译有《选集》一册，所记的都是山地住民，跋司珂族的风俗习惯，译者曾选译数篇登《奔流》上，颇为读者所赞许。这是《选集》的全译。不日出书。

　　中华人民共和国成立之初，百废待兴，政权尚未巩固，对外国文学的翻译介绍以社会主义国家尤其以苏联的文学作品为主，严格坚持"政治标准第一"的原则。因此，在 20 世纪 50—60 年代，国内译介的西班牙文学作品不多，而且一般都是对资本主义社会进行揭露的批判现实主义作品。这一时期翻译出版的西班牙文学作品主要有流浪汉小说的代表作《小癞子》、[①]阿拉尔孔的《三角帽》、[②]佩雷斯·加尔多斯的《悲翡达夫人》、[③]布拉斯科·伊巴涅斯的《血与沙》[④]《茅屋》[⑤]《伊巴涅斯短篇小说选》[⑥]此外，还有《西班牙革命诗选》[⑦]《阿尔贝蒂诗选》[⑧]《洛尔伽诗钞》[⑨]和在黄金世纪与塞万提斯齐名的戏剧家洛佩·德·维加的戏剧《羊泉村》。[⑩]

---

① 佚名：《小癞子》，杨绛译，上海平明出版社，1951、1953 年；作家出版社，1956 年；人民文学出版社，1962 年；上海：上海译文出版社，1978 年。

② 阿拉尔孔：《三角帽》，博园译，人民文学出版社，1959 年。

③ 佩雷斯·加尔多斯（Pérez Galdós, Benito, 1843—1920）：《悲翡达夫人》（*Dogña Perfecta*），赵清慎译，人民文学出版社，1961 年。

④ 布拉斯科·伊巴涅斯（Blasco Ibáñez, Vicente 1867—1928）：《血与沙》（*Sangre y rena*），吕漠野译，上海新文艺出版社，1958 年。

⑤ 布拉斯科·伊巴涅斯：《茅屋》（*La barraca*），庄重译，人民文学出版社，1962 年。

⑥ 《伊巴涅斯短篇小说选》，戴望舒译，上海：上海新文艺出版社，1956 年。

⑦ 阿尔贝蒂等：《西班牙革命诗选》，黄药眠译，中外出版社，1951 年。

⑧ 阿尔贝蒂（Alberti, Rafael）：《阿尔贝蒂诗选》，拓生等译，人民文学出版社，1959 年。

⑨ 加西亚·洛尔卡（García Lorca, Federico）：《洛尔伽诗钞》，戴望舒译，作家出版社，1956 年。

⑩ 维加·卡尔皮奥（Vegacarpio, Félix Lope de）：《羊泉村》（*Fuente Ovejuna*），朱宝光译，人民文学出版社，1962 年。

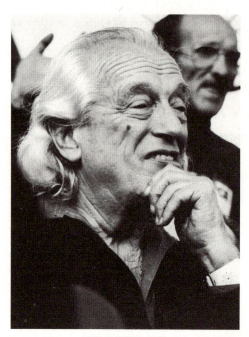

1978 年的阿尔贝蒂

1987 年版西班牙文《羊泉村》封面

上述文学作品虽然不多，其中有一些还是从其他语言转译的，但影响却不小。《小癞子》在"文革"前就再版了三次；西文版的《三角帽》和《悲翡达夫人》都曾作为高校西班牙语专业学生的泛读教材，因而中文版就成了必不可少的参考书。尤其值得一提的是现代派诗人戴望舒先生翻译的《洛尔伽诗钞》，对中国当代诗歌创作产生了广泛而又深刻的影响。1988 年，在北京大学纪念加西亚·洛尔卡百年诞辰的研讨会上，自动到会的诗人就有70 多位，其中有一位竟能背诵这位西班牙诗人被译成汉语的全部诗行。[1]

1876 年版西班牙文《悲翡达夫人》封面，存于西班牙国家图书馆

位于马德里圣安娜广场的加西亚·洛尔卡的雕像

加西亚·洛尔卡手迹

---

[1] 笔者是此次纪念会的组织者和主持人，那位诗人叫黑大春，他所背诵的是戴望舒的译本，而不是笔者后来出版的长达数百页的译本。

1979 年以后，随着改革开放时代的到来，外国文学的翻译与研究迎来了空前未有的繁荣。仅从 1980 至 1988 上半年，据商务印书馆资深编审林光先生统计，就出版了小说 40 余种。但从总体看来，在此期间，我国对西班牙语文学的译介有三多三少：即小说多，诗歌戏剧少；拉美文学多，西班牙文学少；翻译多，评论少。进入 90 年代以后，对西班牙文学的译介有所加强，但在其他两方面的情况依然没有明显的改善。

在 20 世纪的后 20 年中，对西班牙文学名家名著的译介，我们不可能一一介绍，除了《堂吉诃德》和《塞万提斯全集》以及前面提到的作品以外，我们只能有选择地做一些介绍。

首先，对中国西语界较为熟悉的佩雷斯·加尔多斯和布拉斯科·伊巴涅斯的译介仍在持续。前者被译成中文的作品又有《萨拉戈萨》《玛利亚奈拉》《三月九日与五月二日》《慈悲心肠》《特拉法尔加》《葛洛丽娅》《哈辛达与福图娜达》[①] 等；后者被译成中文的作品又有《鲟鱼》（故事集）、《扒车的人》《不速之客》

---

① 佩雷斯·加尔多斯：《萨拉戈萨》，申宝楼、蔡华文译，阐明校，上海译文出版社，1982 年；《玛利亚奈拉》，杨明江译，湖南人民出版社，1982 年；《玛丽娅内拉》，陈光孚、刘瑛、朱兴河译，云南人民出版社，《外国中篇小说选》（4），1982 年；《三月九日与五月二日》，申宝楼、蔡华文译，上海译文出版社，1983 年；《慈悲心肠》，刘煜译，四川人民出版社，1983 年；《特拉法尔加》邓宗煦译，上海译文出版社，1985 年；《葛洛丽娅》，王梦泉、赵绍天译，上海译文出版社，1985 年；《哈辛达与福图娜达》，孟宪臣等译，上海译文出版社，1987 年。

1887 年首版《哈辛达与福图娜达》，藏于西班牙国家图书馆

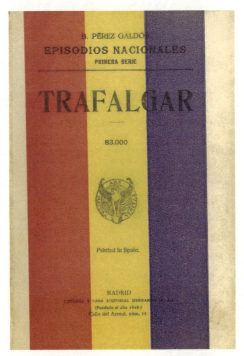

1935 年版西班牙文《特拉法尔加》封面

《五月花》《芦苇与泥塘》《酒坊》；[1] 近来，又有林一安先生主编的《布拉斯科·伊巴涅斯文集》在春风文艺出版社问世。

被塞万提斯誉为"造化之奇才"的洛佩·德·维加（Lope Félix de Vega Carpio）的戏剧虽然没得到应有的重视，但对他的译介也多了起来：朱保光译的喜剧《园丁之犬》《塞维利亚之星》，1982年在中国戏剧出版社出版，第二年，他又在同一家出版社出了《维加戏剧选》；徐曾惠译的《爱情与荣誉》（另含《最好的法官是国王》和《奥尔梅多的骑士》），1994年在漓江出版社出版；段若川译的《洛佩·德·维加戏剧选》（含《羊泉村》《最好的法官是国王》《比塞奥公爵》），1996年在春风文艺出版社出版。

从严格的意义来说，西班牙现存最古老的文学作品是无名氏的英雄史诗《熙德之歌》（*El cantar del Mfo Cid*），它大约创作

洛佩·德·维加

---

① 布拉斯科·伊巴涅斯：《鲟鱼》（故事集），郑恩波译，江西人民出版社，1981年；《扒车的人》，唐民权译，载《花城译作》，1982年第5期；《不速之客》，李德明、尹承东译，上海译文出版社，1983年；《五月花》（含《芦苇与泥塘》），蒋宗曹等译，上海译文出版社，1984年、1985年；《酒坊》，李德明、蒋宗曹译，上海译文出版社，1985年。

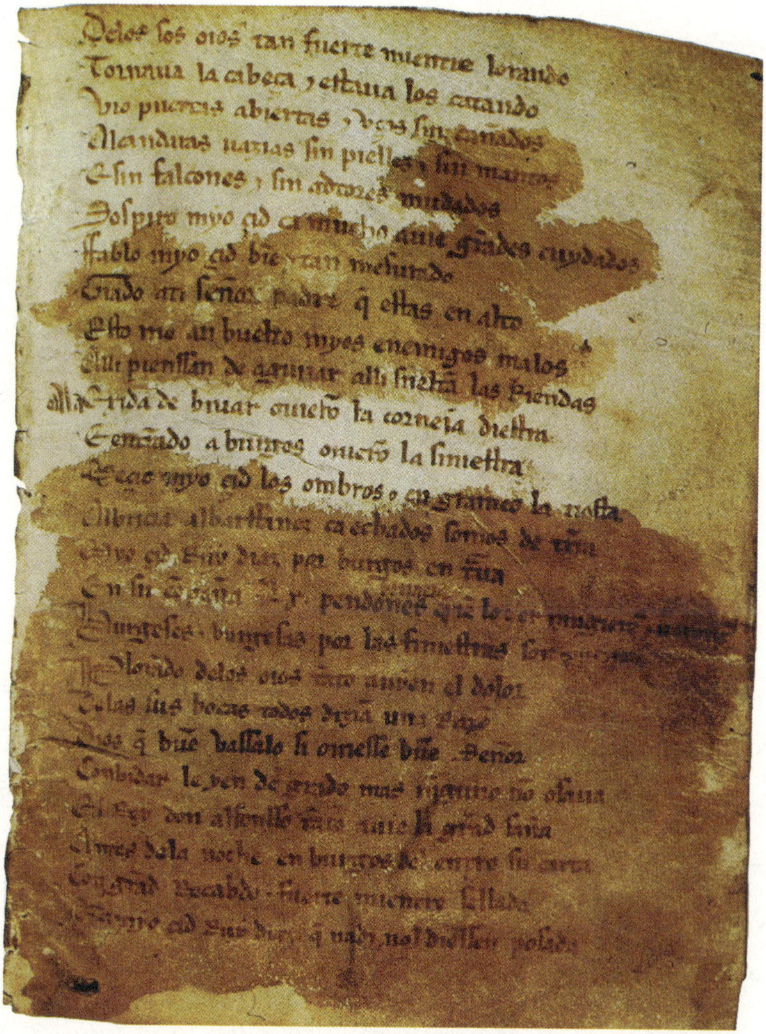

13 世纪首版《熙德之歌》手稿

于 1140 年，是唯一一部流传下来的较为完整的卡斯蒂利亚的英雄史诗，因而特别受到西班牙人的珍视与喜爱。《熙德之歌》有 3 个中文版本：赵金平译，上海译文出版社，1982 年；段继承译，中国文联出版公司，1995 年；屠孟超译，译林出版社，1999 年。另一部西班牙文学经典《塞莱斯蒂娜》（*Fernando de Rojas*, *La Cellestina*）同样有 3 个译本：王央乐译，人民文学出版社，1990 年；蔡润国译，中国对外翻译出版公司，1993 年；屠孟超译，译林出版社，1997 年。这是一部举世闻名的爱情传奇，有人说莎士比亚的《罗密欧与朱丽叶》是受它的启发写出来的，恐非无稽之谈。此外，介绍著名浪漫主义诗人贝克尔的译本至少也有 3 个。[①]

西班牙在 20 世纪中最有影响的诗人是加西亚·洛尔卡（Federico García Lorca, 1898—1936）。前面说过，最早将加西亚·洛尔卡的作品介绍到我国来的是诗人戴望舒先生，但遗憾的是他只介绍了很少的一部分，尽管这部小小的《洛尔伽诗钞》在我国当代诗人中产生了很大的影响。戴望舒先生英年早逝，后来虽也有人译介这位格拉纳达诗人的作品，但都是零敲碎打，散见于报纸杂志。1986 年 9 月 2 日，西、葡、拉美文学研究会曾在春城昆明召开了"西班牙文学研讨会暨洛尔卡逝世 50 周年纪念会"。会后，笔者便开始在《诗歌报》等刊物上译介洛尔卡的诗作。1987 年—1989 年，笔者应邀赴格拉纳达大学翻译、出版西文版《红楼梦》。

---

① 贝克尔：《抒情诗集》，林之木译，上海译文出版社，1989 年；《诗歌传说故事》，朱凯译，重庆出版社，1993 年；《抒情诗与传说》，尹承东译，黑龙江人民出版社，1993 年、1996 年。

当地的诗歌创作界希望笔者能翻译一部《加西亚·洛尔卡诗选》。一位颇有名气的诗人哈维尔·埃赫亚（Javier Egea），还自告奋勇，愿亲自选定篇目并撰写序言，再加上笔者在那里有幸结识了诗人的妹妹、加西亚·洛尔卡基金会会长伊莎贝尔·加西亚·洛尔卡。可谓"万事俱备，东风劲吹"！于是，在翻译、修订《红楼梦》之余，笔者便忙里偷闲，翻译了一部加西亚·洛尔卡诗选。伊莎贝尔愿赠予版权，西班牙文化部愿提供赞助，外国文学出版社（属于人民文学出版社）愿意出版，于是瓜熟蒂落、水到渠成，这便是《血的婚礼》问世的过程。该书于1994年出版，前面有哈维·埃赫亚写的简短的前言。前言一开头就引用了加西亚·洛尔卡的两行诗："他在自己的心里／带来中国海的一条鱼。"书中选译了诗人具有代表性的诗作75首，并附有三个剧本：《马里亚娜·皮内达》（三幕民间谣曲）、《血的婚礼》（三幕七场悲剧）和（三幕六场悲剧）《叶罪玛》。1996—1997年，笔者再次去格拉纳达时，还应邀在诗人故居博物馆与哈维尔·埃赫亚一起举行了加西亚·洛尔卡双语诗歌朗诵会。那时，西班牙官方已开始筹备"洛尔卡百年诞辰纪念活动"，并称1998年为"洛尔卡年"，这就使笔者萌生了扩大这本选集的念头，正好漓江出版社要出一套"大师诗选"，其中就包括这位被法西斯杀害的天才诗人。这就是1999年的《洛尔卡诗选》。它几乎囊括了洛尔卡三部代表作——《深歌》《吉卜赛谣曲集》与《诗人在纽约》的全部诗作以及其他重要诗集的代表作，共230余首，另有两个剧本《贝纳尔多·阿尔瓦之家》和《坐愁红颜老》（或《少女罗茜达》《花儿的语言》）。这是

目前国内介绍加西亚·洛尔卡最全面的译本，全书514页，并配
有几十幅插图。

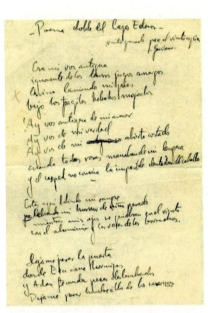

1929年至1930年间的加西亚·洛尔卡的
《诗人在纽约》手稿

到目前为止，西班牙共有5位诺贝尔文学奖获得者。前4位
都是漓江出版社译介过来的，同属诺贝尔文学奖作家丛书。他们
是埃切加赖（José Echegaray，1904年获奖），其作品由北京大学
沈石岩教授等译，书名为《伟大的牵线人》，包括三部剧作：《伟
大的牵线人》《不是精神失常就是品德圣洁》和《溅血濯耻》；
贝纳文特（Jacinto Benavente，1922年获奖），其作品由南京大学
陈凯先、屠孟超教授翻译，书名为《不吉利的姑娘》，包括四部

贝纳文特像，藏于美国国会图书馆

希梅内斯和夫人赛诺薇娅

剧作《周末之夜》《利害关系》《女主人》和《不吉利的姑娘》；希梅内斯（Juan Ramón Jiménez，1956年获奖）和阿莱克桑德雷（Vicente Aleixandre，1977年获奖），其作品由笔者与人合译，书名为《悲哀的咏叹调》，这是希梅内斯和阿莱克桑德雷的合集，出版于1989年，后来希梅内斯个人选集于1997年出版时，同样题为《悲哀的咏叹调》（包括孟宪臣译的《普拉特罗和我》）。何塞·塞拉（Camilo José Cela，1989年获奖）的长篇小说《蜂房》有三个译本：孟继成的译本于1986年在北京十月文艺出版社出版；朱景冬的译本于1987年在青海人民出版社出版；黄志良的译本于1987年在当代外国文学出版社出版，并于1988年在台湾应晨出版社出版发行；此外，塞拉的另一本小说《帕斯库亚尔·杜瓦尔特一家》由屠孟超、徐尚志、魏民翻译，于1983年4月发表在《当代外国文学》杂志上。

1989年版《悲哀的咏叹调》中译本

位于帕德伦的何塞·塞拉的雕像

其他名家名著还有：皮奥·巴罗哈的《冒险家萨拉卡因》（蔡华文、闵明译，上海译文出版社，1984）、《种族》（江禾、林光译，上海译文出版社，1987）、克拉林的《庭长夫人》（上下卷，唐民权等译，人民文学出版社，1986）、帕拉西奥·巴尔德斯的《玛尔塔与玛丽娅》（含《何塞》，尹承东、李德明译，湖南人民出版社，1984）、乌纳穆诺的《雾》（周访渔译，上海译文出版社，1988）、松苏内吉的《合同子》（Juan Antonio de Zunzunequi，林之木译，上海译文出版社，1984）、桑切斯·费洛西奥的《哈拉玛河》（Rafael Sánchez Ferlosio，*El Jarama*，啸声、问陶译，外国文学出版社，1984）、拉福雷特的《一无所获》（Carmen Laforet，*Nada*，顾文波、卞双成译，江苏人民出版社，1982）等等。值得一提的是，在此期间，黑龙江人民出版社曾与西班牙文化部图书总署合作，出版了西班牙文学名著丛书，但后来出于种种原因，无法坚持，遗憾之余，令人感叹。这家出版社于1997年首批就推出小说18种，颇有气势，但因为大多是19世纪

1891 年的克拉林

1925 年的乌纳穆诺

1921年首版《图拉姨妈》封面

佩雷斯·加尔多斯

作家的小说，且均为中篇，有的又是重译，加上宣传不够，因而没有引起应有的反响。这18部小说是：乌纳穆诺（Migeul de Unamuno）两本：《图拉姨妈》（*La Tía Tula*，朱景冬译）、《雾》（*La Niebla*，朱景冬译）；阿拉尔孔（P.Antonio de Alarcón）两本：《三角帽》（*El Sombrero de Tres Picos*，尹承东译）、《民族纪事》（*Historietas Nacionales*，朱景冬译）；佩雷斯·加尔多斯（Benito Pérez Galdós）两本：《阿尔玛》（*Halma*，王银福译）、《佩菲塔夫人》（*Doña Perfecta*，李德明译）；克维多（Francisco de Quevedo）的《梦》（*El sueño*，李德明译）、佩雷达（José María de Pereda）的《高山情》（*Peñas Arriba*，李德明译）、佩雷斯·德·阿亚拉（Ramón Pérez de Ayala）的《歌妓与舞女》（*Troteras y danzaderas*，李德明译）、皮孔（Jacinto Octavio Picón）的《甜蜜女郎》（*Dulce y sabrosa*，李德明译）、索洛沙诺（Castillo Solórzano）的《塞维利亚的石貂女》（*La garduña de Sevilla y Anzuelo de las Bolsas*，李德明译）、卡瓦耶罗（Fernán Caballero）的《海鸥》（*La gaviota*，李德明译）、帕尔多·巴桑（E. Pardo Bazán）的《侯

爵附内外》（*Los pazos de Ulloa*，李德明译）、贝雷斯·德·格瓦拉（Luis Vélez de Guevara）的《瘸腿魔鬼》（*El diablo cojuelo*，尹承东译）、贝克尔（Gustavo Adolfo Bécquer）的《抒情诗与传说》（*Rimas y leyendas*，尹承东译）、克拉林（Leopoldo Alas，"Clarín"）的《堂娜贝尔塔和其他故事》（*Doña Belta y otros relatos*，朱景冬译）、堂胡安·曼努埃尔（Don Juan Manuel）的《卢卡诺伯爵》（*El Conde Lucanor*，申宝楼译）、布拉斯科·伊瓦涅斯（V.Blasco Ibáñez）的《橙园春梦》（*Entre naranjos*，申宝楼译）。

克维多 1618 年肖像

佩雷达 1899 年画像

1900 年的帕尔多·巴桑   贝克尔 1862 年肖像

　　昆仑出版社曾愿意继续出版上述西班牙文学名著丛书，该社于 2000 年出版的西班牙文学名著有：无名氏的《卢卡诺尔伯爵》（*El Conde Lucanor*，刘玉树译）、伊塔大祭司的《真爱之书》（Juan Ruiz, *El Libro del Buen Amor*，屠孟超译）、《卡尔德隆戏剧选》（*Comedias escogidas de Calderón de la Barca*，吕臣重译）、《维加戏剧选》（*Obras dramáticas escogidas de Lope de Vega*，段若川、胡真才译）、《西班牙黄金世纪诗选》（*Antología de la Poesía del Siglo de Oro*，赵振江译）、克拉林（Clarín）的《庭长夫人》（*La Regenta*，唐民权等译）和《西班牙谣曲集》（Anónimo, *Romancero*，丁文林译）等。

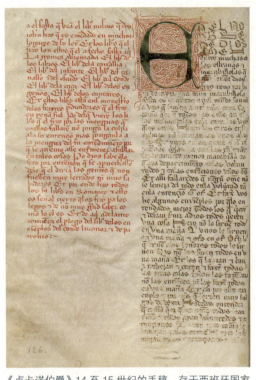

《卢卡诺伯爵》14 至 15 世纪的手稿，存于西班牙国家图书馆

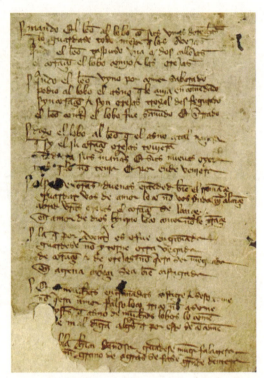

14 世纪第 3 版西班牙文《真爱之书》手稿，存于西班牙国家图书馆

　　总之，随着改革开放的持续深入，随着我国综合国力的增强和国际地位的提高，中国与西班牙的文学交流持续、稳定、健康发展的时代已经到来。

主要参考文献：

1. Idoia Arbillaga, *La literature china traducida en España*, Universidad de Alicante, Publicaciones.

2. La biblioteca Ideal, Enciciopedias Planeta, Barcelona. Editorial Planeta, 1993.

3. Cao Xueqin y Gao E, *Sueño en el pabellón rojo（I）*, trducción de Tu Xi, revisada, corregida y anotada por ZhaoZhenjiang y José Antonio García Sánchez, Servicio de Publicacines de la Universidad de Granada. 1988.

4. Du Fu, *El vuelo oblicuo de las golondrinas*, edición de Clara Janés y Juan Ignacio Preciado Idoeta, Ediciones del Oriente y del Medierráneo, Madrid, 2000.

5. *Equivalencias*（Revista International de Poesía）, Sevilla, Editorial Fundación Fernando Rielo, 1995.

6. 张铠：《中国与西班牙关系史》，大象出版社，2003 年。

7. 裴化行：《天主教十六世纪在华传教志》，萧濬华译，商务印书馆，1936 年

8. 福建师范大学中文系编选：《鲁迅论外国文学》，外国文学出版社，1982 年。

9. 许铎：《解放后国内出版（或重印）的西班牙、葡萄牙、拉丁美洲文学作品及专著（书籍部分）目录索引》（截至 1982 年），《中国西、葡、拉美文学研究会会员通讯》第 1 期，北京，1983 年 4 月；林光，《国内翻译出版或发表的西、葡、拉美文学作品

及论文专著的目录》（1980—1988 上半年），《中国西、葡、拉美文学研究会会员通讯》第 4 期，北京，1988 年 10 月。

10. 滕威：《中国语境中的堂吉诃德》（北京大学外语学院硕士研究生论文，指导教师赵振江），2005 年 2 月。

11. 高岩：《〈中华大帝国史〉中的中国形象——兼论十六世纪欧洲作家笔下的中国形象》（北京大学外国语学院硕士论文，指导教师赵振江），2005 年 5 月。